Doreen Virtue
Erzengel Raphael

Doreen Virtue

Erzengel Raphael

Der heilende Engel
an deiner Seite

Aus dem Amerikanischen übersetzt
von Angelika Hansen

Allegria

Die Originalausgabe erschien 2010 unter dem Titel
THE HEALING MIRACLES OF ARCHANGEL RAPHAEL
im Verlag Hay House, Inc., Carlsbad, CA, USA

Allegria ist ein Verlag der Ullstein Buchverlage GmbH
Herausgeber: Michael Görden

ISBN 978-3-7934-2185-6

© der deutschen Ausgabe 2010 by Ullstein Buchverlage GmbH, Berlin
© der Originalausgabe 2010 by Doreen Virtue
Übersetzung: Angelika Hansen
Lektorat: Daniela Graf
Umschlaggestaltung: FranklDesign, München
Titelabbildung: Marius-Michael George
Satz: Keller & Keller GbR
Gesetzt aus der Goudy Old Style
Druck und Bindearbeiten: GGP Media GmbH, Pößneck
Printed in Germany

Für Erzengel Raphael,
in ewiger Dankbarkeit

Inhalt

Einführung

Dies ist ein überkonfessionelles Buch über den Erzengel namens Raphael, ein machtvolles himmlisches Wesen, das Menschen und Tiere heilt. Raphael ist der höchste Heiler auf der Ebene der Engel. Tatsächlich bedeutet sein Name im Hebräischen »Gott heilt« oder »Er, der heilt«. Viele Menschen glauben, dass sein Name von dem hebräischen Wort *Rophe* abgeleitet wurde, was soviel heißt wie »Medizin-Doktor«.

Obgleich Raphaels Name in der traditionellen Bibel nicht spezifisch erwähnt wird, bezeichnen Theologen Raphael als den Erzengel, der die Geistesschwachen am Teich von Bethesda heilte, wie es im Evangelium beschrieben steht.

Außerdem wird von Raphael gesagt, dass er einer der drei Engel ist, die dem Patriarchen Abraham und seiner Frau Sarah erschienen, um ihre Empfängnis anzukündigen und ihnen dabei zur Seite zu stehen; dass er außerdem die im Kampf erlittenen Verletzungen von Abrahams Enkel Jacob heilte und König Salomon seinen magischen Ring gab.

Im Katholizismus ist er der heilige Raphael, Schutzpatron der Heilung, der Ärzte, Reisenden und Heiratsvermittler. Raphael wird auch im kanonischen *Buch Tobias* namentlich genannt (ein Buch, das von der Römisch-Katholischen und den Orthodoxen Kirchen des Ostens seit 397 n. Chr. als Teil der Bibel anerkannt wird.) Dieses Buch, manchmal auch *Das*

Buch des Tobias genannt, war verloren gegangen und 1947 als eine der Schriftrollen vom Toten Meer in Qumran entdeckt worden, dem Tempel der alten Essener.

Das Buch beschreibt die Geschichte von Tobit, einem gläubigen und wohltätigen jüdischen Mann, der ob seiner plötzlich einsetzenden Blindheit so verzweifelt war, dass er Gott bat, ihn sterben zu lassen. Am gleichen Abend bat auch eine Frau mit Namen Sarah Gott um ihren Tod, aus Trauer um ihre sieben Ehemänner, die alle jeweils in der Hochzeitsnacht gestorben waren.

Also beantwortete Gott sowohl Tobits als auch Sarahs Gebet, indem er den Erzengel Raphael in menschlicher Form hernieder sandte. Raphael identifizierte sich nicht als ein Engel, sondern bot stattdessen an, in Menschengestalt Tobits Sohn Tobias zu schützen und zu führen, als dieser auf eine Reise ging, um Geld zurückzubekommen, das man ihm schuldete.

Raphael führte Tobias zu Sarah, und die beiden verliebten sich und heirateten. Dann half Raphael Tobias, erfolgreich die Dämonen zu verbannen, die Sarahs frühere Ehegatten getötet hatten, indem er Fische als Teil seiner Heilung benutzte. Außerdem bediente Raphael sich einer aus Fischen hergestellten Salbe, um Tobias zu helfen, die Erblindung seines Vaters rückgängig zu machen. Während Tobit, Tobias und Sarah glücklich über ihr neues Leben waren, brachte Raphael Tobias sein Geld zurück. Als seine Arbeit erledigt war, enthüllte der Erzengel seine wahre Identität und kehrte auf die himmlische Ebene zurück.

Die Geschichte führte dazu, dass Raphael zum Schutzheiligen der Ärzte, Reisenden, Blinden und Heiratsvermittler ernannt wurde. In diesem Buch werden wir diese Rollen näher untersuchen, die Raphael auch weiterhin erfüllt.

Darüber hinaus erscheint Raphaels Name in einer weiteren Schriftrolle, dem *Buch von Eunuch*, in welchem seine Rolle auf Erden so beschrieben wird: »Raphael, einer der heiligen Engel, der über dem Geist des Menschen steht.« In diesem Schriftrollentext erteilt der Schöpfer Raphael den Auftrag, die Erde von dem Chaos zu heilen, das einige gefallene Engel und Riesen verursacht haben; einen Dämon zu fesseln und zu verbannen; allen Kindern zu helfen und die Welt von Korruption zu befreien. Erzengel Raphael ist bis auf den heutigen Tag mit dieser Mission betraut.

Erzengel Raphael und Sie

Ich bekomme häufig Briefe von Menschen, die überrascht sind, dass Engel der Menschheit helfen. Sie scheinen erstaunt zu sein oder zweifeln daran, dass berühmte Engel wie Michael, Raphael und Gabriel dem durchschnittlichen Erdenbürger beistehen, vor allem in der heutigen Zeit. »Sind diese Engel nicht Wesen aus der Bibel?«, fragen sie mich. Ja, das stimmt – und sie helfen uns weiterhin, 2000 Jahre später.

Engel sind Gottes Boten, auf die Erde geschickt, um den Plan des Schöpfers vom Frieden für alle Menschen in die Tat umzusetzen. Um Frieden auf Erden zu schaffen, brauchen wir eine Welt voll friedliebender Menschen – einschließlich Sie und ich. Also besteht die Aufgabe der Engel darin, alles zu tun, was erforderlich ist, um jedem Menschen zu helfen, Frieden zu erlangen. Da gesundheitliche Probleme Frieden beeinträchtigen können, ist es nur natürlich, dass Gott Erzengel Raphael beauftragte, den Menschen überall auf der Welt Gesundheit zu bringen.

Sie müssen weder außergewöhnlich, erwählt, religiös und nicht einmal ein guter Mensch sein, um der heilenden Hilfe der Engel teilhaftig zu werden. Die Engel helfen jedem, weil sie jeden lieben und weil es Gottes Wille ist, dass jeder Mensch Frieden findet.

Jeder von uns hat Schutzengel, die immer an unserer Seite sind. Diese himmlischen Wesen sind Helfer, Führer und Beschützer ohne Ego. Außerdem hat jeder von uns mindestens einen lieben Verstorbenen an seiner Seite, der über uns wacht. Wenn Ihre Freunde und Verwandten im Himmel technisch auch keine Engel sind (da sie menschliche Egos haben), können sie dennoch engelähnliche Taten vollbringen. Außerdem arbeiten sie bei Bedarf mit Ihren Schutzengeln zusammen.

Der Begriff *Erzengel* ist von der griechischen Bezeichnung »der erste Bote Gottes« abgeleitet. *Erz* bedeutet »der Erste« oder »der Größte«, und *Engel* bedeutet »Bote Gottes«.

Erzengel sind größer, mächtiger und spezialisierter als Schutzengel. Spirituelle Texte haben im Laufe der Jahrhunderte Dutzende von Erzengeln beschrieben, wenn auch die meisten großen Religionen diese Liste auf vier bis sieben Erzengel reduzieren. Raphael steht immer auf der Liste der Erzengel ganz oben, zusammen mit Michael, dem Engel des Schutzes, und Gabriel, dem Boten-Engel.

Da Erzengel weder ein Ego noch einen physischen Körper haben, sind sie total unbegrenzte Wesen. Das bedeutet, dass sie bei zahllosen Menschen gleichzeitig sein können und mit jedem, der um ihre Hilfe bittet, persönlich interagieren. Daher müssen Sie nicht befürchten, dass Sie die Engel belästigen, wenn Sie sie anrufen.

Ich möchte an dieser Stelle betonen, dass wir die Engel weder anbeten noch zu ihnen beten. Wir geben allen Ruhm Gott dem Schöpfer, der die Engel und uns alle erschaffen hat. Die Engel und Erzengel sind jedoch spürbare »Leitungen« oder Kanäle, die uns mit Gott verbinden. Gott hat Engel als Fürsprecher kreiert, damit wir gemeinsam mit ihnen daran arbeiten, Frieden auf die Erde zu bringen.

Raphael sehen

Als lebenslang hellsichtig begabter Mensch sind meine Interaktionen mit Raphael vor allem visueller und emotionaler Natur. Ich sehe ihn als engen und vertrauenswürdigen Freund aller Menschen. Er hat einen wunderbaren Sinn für Humor, und – wie bei den besten Komödianten – ist sein Humor immer freundlich, sanft und liebevoll. Durch seinen Humor erinnert Raphael uns an die machtvollen, heilenden Wirkungen des Lachens.

Da Engel keinen Körper haben, erscheinen sie den Menschen in der Form, die ihnen am besten helfen kann (während einer Krise, in Träumen, Readings, Visitationen und so weiter). Mir ist aufgefallen, dass die physische Erscheinung der Erzengel symbolisch ist für ihre jeweilige Spezialität. Da Erzengel Michael der Engel des Schutzes ist, zeichnet er sich beispielsweise durch eindrucksvolle Muskeln und eine durchtrainierte Figur aus.

13

Erzengel Raphaels Erscheinung hingegen ist entspannter, lockerer als Michaels, wahrscheinlich weil es gesund ist, entspannt und locker zu sein!

Darüber hinaus kreiert die Spezialität eines jeden Erzengels ein ihn umgebendes Energiefeld, das visuell sensitive Menschen als bunte, funkelnde Lichter sehen.

Erzengel Michaels Energie ist von einem königlichen Blau und Violett, und Erzengel Raphaels Farbe ist Smaragdgrün. Viele Male, wenn Menschen Gott gebeten haben, ihnen Erzengel Raphael zu senden, damit er sie heilt, sehen sie plötzlich mit ihren physischen Augen strahlend grüne Lichter oder Blitze – ein Zeichen, dass Raphael bei Ihnen ist.

Eine andere Möglichkeit, Erzengel Raphaels Präsenz und Heilungsenergie herbeizurufen, besteht darin, smaragdgrünes Licht um die Person oder den Bereich des Körpers zu visualisieren, der Heilung braucht.

In Bildern und Gemälden wird Raphael als der Engel dargestellt, der Tobias Führung gibt, und häufig hält er dabei den Herkulesstab als Zeichen der Heilung in der Hand. Und wie Sie auf den folgenden Seiten lesen werden, sind Raphaels Heilungswunder zahllos und vielfältiger Natur.

Viele Menschen berichten, dass sie den Namen Raphael auf Nummernschildern, Namensschildern und ähnlichem gesehen haben als Mittel, um die heilende Gegenwart des Erzengels zu bestätigen.

Eines ist sicher: Erzengel Raphael kennt keine falsche Scheu, wenn es darum geht, uns wissen zu lassen, dass er bei uns ist, da es zu unserer Heilung beiträgt, wenn wir uns im Wissen um seine beruhigende Gegenwart entspannen.

Raphael fühlen

Man kann Erzengel Raphael nicht nur sehen, manche Menschen können seine Präsenz fühlen. Wie Sie aus den folgenden Geschichten ersehen können, kreiert Erzengel Raphael physisch spürbare Gefühle, wenn er Heilungen vornimmt. Die meisten Personen erwähnen dabei Raphaels wunderbar sanfte Energie, die großen Trost, Glauben und Vertrauen bringt.

Viele, die von Raphael geheilt worden sind, berichten auch von warmen, kribbelnden Empfindungen, die sie während des Empfangs seiner heilenden Energie gespürt haben.

Während ich mit dem Schreiben dieses Buches beschäftigt war, habe ich selbst die heilenden Kräfte von Erzengel Raphael aus erster Hand erfahren. Als ich merkte, dass eine böse Erkältung im Anmarsch war, bat ich Raphael, mich zu heilen, und innerhalb von Minuten waren alle Spuren einer Erkältung komplett verschwunden! Auf den folgenden Seiten werden Sie lesen, wie Erzengel Raphael alles heilen kann, von einer einfachen Erkältung bis hin zu ernsthaften Erkrankungen – alles, was Sie tun müssen, ist, ihn um seine Hilfe zu bitten.

Erstes Kapitel

Wunder der Heilung

» Lieber Gott und Erzengel Raphael, ich brauche auf der Stelle ein Wunder. Bitte heile meinen Körper und stelle meine Gesundheit wieder her. Bitte führe mich auf meinen Weg des Wohlbefindens, unterstütze mich bei allem, was ich tue und hilf mir, mich jetzt ganz und gar gesund zu fühlen. «

Erzengel Raphaels wichtigste Rolle besteht darin, uns bei allem, was mit Gesundheit zu tun hat, zu unterstützen, zu führen und zu heilen. Er wendet unterschiedliche Methoden an, einschließlich direkter Intervention, indem er auf wundersame Weise und von einem Moment auf den anderen Krankheiten heilt; sowie himmlische Führung, wobei er der betreffenden Person die besten Wege zu vollkommener Gesundheit zeigt.

Nachdem ich Tausende von Geschichten gelesen und gehört habe, glaube ich, dass Gott und Raphael immer die optimalen Wege und Methoden zur Heilung der jeweiligen Kondition oder Erkrankung wählen. Außerdem glaube ich, dass es hinter jeder Situation eine göttliche Ordnung gibt, auch wenn unser menschlicher Verstand das jeweilige Wie und Warum nicht bis ins Letzte verstehen kann.

In der Regel ist der freie Wille des Menschen sowohl der Katalysator als auch der Verursacher der jeweiligen gesundheitlichen Kondition. Gott und die Engel können nicht ungebeten in die Entscheidungen unseres freien Willens eingreifen. Sie müssen warten, bis wir freiwillig um Hilfe bitten, bevor sie tätig werden können.

Wie Sie Erzengel Raphael um seine heilende Hilfe bitten können

Doch wie bitten Sie den Himmel um Hilfe bei gesundheitlichen Problemen? Dafür gibt es zahllose Möglichkeiten, wie Sie anhand der Beispiele in diesem Buch erfahren werden.

Zum Beispiel können Sie:

* Ihre Bitte laut aussprechen

* Ihr Gebet an Gott richten

* Sich sowohl an Gott als auch an Erzengel Raphael wenden

* Ihre liebste religiöse Gestalt hinzufügen (Jesus, einen Heiligen, etc.)

✳ Das Gebet denken

✳ Die Bitte aufschreiben

✳ Sie leise oder mit lauter Stimme vortragen

✳ Das Gebet mit einem Gefühl der Ehrfurcht oder ehrlichen Frustration sprechen

✳ In einem Bittgesuch flehentlich Ihr Bedürfnis zum Ausdruck bringen (z. B. »Bitte, bitte, hilf mir!«)

✳ Mit einem affirmativen Gebet die Tatsache bezeugen, dass die Hilfe bereits gewährt wird (z. B. »Danke, dass du mir hilfst.«)

Es ist nicht wichtig, *wie* Sie um Hilfe bitten, sondern *dass* Sie es tun. Hier ein paar wichtige Aspekte, die Sie in Erinnerung behalten sollten, wenn Sie Erzengel Raphael um Unterstützung bitten:

1. Bitten Sie ihn entweder leise oder mit lauter Stimme. Raphael kann Ihnen nur helfen, wenn Sie ihn darum bitten, da er Ihren freien Willen niemals unterminieren wird.

2. Schütten Sie Raphael Ihr Herz aus, und erklären Sie ihm Ihre Gefühle.

3. Visualisieren Sie, wie smaragdgrünes Heilungslicht das gesundheitliche Problem umgibt.

4. Achten und befolgen Sie jegliche göttliche Führung, die durch ein intuitives Gefühl zu Ihnen kommt bezüglich der erforderlichen Schritte, die sie unternehmen müssen.

5. Bitten Sie solange um Hilfe, bis Heilung eintritt.

Wenn Sie um Hilfe bitten, sagen Sie Gott und den Engeln nicht, *wie* diese Hilfe aussehen soll. Das nennt man »Eingrenzung«, und es blockiert Gebete oder sorgt dafür, dass sie verzögert beantwortet werden. Wenn Sie die Form der Hilfe eingrenzen, besteht die Gefahr, dass Sie die Antwort auf Ihr Gebet übersehen, weil Sie auf andere Erwartungen fokussiert sind.

Lassen Sie sich von den himmlischen Mächten zu Lösungen führen, die unsere menschliche Vorstellungskraft und Erwartungen übersteigen.

☙❧☙❧☙

In den folgenden Berichten werden Sie von Menschen lesen, die beschlossen haben, den Himmel um Hilfe bei ihrer Gesundheit zu bitten.

Achten Sie auf die breit gefächerten Antworten auf ihre jeweiligen Gebete.

Für jemand anderen beten

Erzengel Raphael reagiert auf alle Gebete, einschließlich jener, die im Namen einer anderen Person an ihn gerichtet werden. Wenn der kranke Mensch Raphaels Hilfe akzeptiert, ist die Kombination der Gebete mehrerer Personen besonders machtvoll.

Obwohl Raphael seine Hilfe einem Kranken nicht aufzwingen kann, der keine spirituelle Unterstützung wünscht, können Sie Raphael dennoch bitten, bei dem Betreffenden zu sein – seine bloße Präsenz übt bereits eine heilende Wirkung aus.

⁂

Helle Brisson ist eine Engel-Therapeutin, die Raphael gebeten hat, einer schwer erkrankten Freundin zu helfen, mit wunderbaren Resultaten! Helle erinnert sich:

»Ich habe eine liebe Freundin, die unter chronischem Nierenversagen litt und jede Woche mehrere Stunden an eine Dialysemaschine angeschlossen werden musste.

Sie konnte sich wegen der Dialyse-Termine und einer in Aussicht gestellten Nierentransplantation, für die sie kurzfristig verfügbar sein musste, nie weit von zu Hause entfernen.

Eines Tages bat sie mich nach der Dialyse, sie für eine Notoperation zur Öffnung der Dialyse-Anschlüsse auf ihrem Handgelenk in ein nahegelegenes Krankenhaus zu fahren. Während sie operiert wurde, saß ich still in der Cafeteria und betete. Ich bat Erzengel Raphael, meine Freundin wieder ganz gesund zu machen. Im nächsten Moment spürte ich, wie mir jemand auf die Schulter klopfte. Doch als ich mich umdrehte, um zu sehen, wer meine Aufmerksamkeit wollte, war niemand da! Ich entschied, dass es sich um ein Muskelzucken gehandelt hatte, bis ich das Klopfen erneut spürte und mir schließlich dämmerte, dass es die Engel waren, die mir Signale gaben.

Also fragte ich innerlich: ›Versucht jemand, Kontakt mit mir aufzunehmen?‹

Im nächsten Moment kam die Antwort durch eine innere Stimme: ›Du bist in einem Krankenhaus, schau dich mal um!‹ Ich schaute mich um, und das ganze Mobiliar in der Cafeteria war smaragdgrün, genau die Farbe von Erzengel Raphael! Ich musste laut lachen und dankte ihm, dass er gekommen war.

›Du hast darum gebeten, dass deine Freundin wieder ganz gesund wird?‹ hörte ich ihn in meinem Inneren fragen. Und er fuhr fort: ›Bist du sicher, dass du möchtest, dass sie vollkommen gesund wird?‹

Ich empfand die Frage als ein wenig seltsam, sagte jedoch, ›Ja, natürlich möchte ich, dass sie wieder vollständig gesund wird.‹

›Schon erledigt‹, war die prompte Antwort.

Das Klopfen hörte auf, und Raphael war verschwunden.

Ich dachte nicht länger über diese Begegnung nach, als mir kurz darauf die Krankenschwester sagte, dass meine Freundin jetzt nach Hause gehen konnte. Die Operation war gut verlaufen.

Meine Freundin war zwar noch ein bisschen benommen; im Auto auf dem Heimweg redeten wir nicht viel, und als wir bei mir zu Hause ankamen, legte sie sich sofort ins Bett. Daher hatte ich keine Gelegenheit, ihr von meiner Begegnung mit Raphael zu erzählen.

Am nächsten Morgen wachte ich auf, als meine Freundin im unten gelegenen Schlafzimmer meinen Namen rief. Ich lief sofort hinunter, um zu sehen, was los war. Sie saß aufrecht im Bett und lachte!

›Helle, Erzengel Raphael hat mich gerade besucht! Er saß auf meinem Bett und sagte, dass er gestern mit dir gesprochen hat und dass du ihn gebeten hast, mich wieder ganz gesund zu machen.‹

Ich erzählte ihr nun von meinem Gespräch mit Raphael und wir umarmten uns vor Freude. Ich fühlte mich gesegnet, dass ein Erzengel meine Bitte erhört hatte, und wir waren beide so sehr glücklich über das Ergebnis.

Ungefähr ein Jahr später lernte meine Freundin anlässlich einer Ausstellung ihrer Gemälde einen jungen Mann kennen (ebenfalls Maler), der ihr sagte: ›Ich habe von Ihrem chronischen Nierenversagen gehört, und ich möchte Ihnen eine meiner Nieren spenden!‹

Das Warten auf eine Nierentransplantation kann Jahre dauern, und jemanden zu finden, der eine Niere spenden wollte, war sehr ungewöhnlich! Alle medizinischen Tests wurden vorgenommen, und dabei stellte sich heraus, dass meine Freundin und der junge Mann perfekt übereinstimmten. Kaum in der Lage, ihr Glück zu fassen, war meine Freundin wegen der Operation aufgeregt, aber auch nervös und ein wenig ängstlich. Doch alles ging gut, und sowohl meine Freundin als auch der junge Mann wurden schon nach wenigen Tagen aus dem Krankenhaus entlassen.

Ich war zum Zeitpunkt ihrer Operation im Ausland, spürte jedoch wieder das Klopfen auf meiner Schulter und wusste, dass es sich um eine neue Botschaft von Erzengel Raphael handelte. Dieses Mal war seine Mitteilung besonders kurz und präzise: ›Deine Freundin ist jetzt komplett geheilt!‹

Ich dankte ihm und war so glücklich für sie.

Dann fiel mir auf, dass damals vor einem Jahr, als ich für ihre Heilung gebetet hatte, nicht nur die Operation gelungen war, sondern dass ein Jahr später durch die Nierentransplantation eine komplette Heilung eintrat und sie nicht mehr zur Dialyse musste.

Meine Freundin hatte ein neues Leben geschenkt bekommen, einen neuen, wundervollen Freund gefunden und bis heute geht es ihr mit der gespendeten Niere bestens.«

So wie Helle können auch Sie Raphael bitten, einem lieben Menschen zu neuer Gesundheit zu verhelfen. Sie müssen nicht besonders qualifiziert oder ausgebildet sein, sondern nur ehrlich in Ihrer Bitte. Erzengel Raphael hilft jedem, der ihn darum bittet, bedingungslos und sofort.

Hier ist ein Beispiel für ein *Gebet*, das Sie im *Namen der Gesundheit eines anderen Menschen* sagen können:

> »*Lieber Gott und Erzengel Raphael, bitte helft …
> (Name des Betreffenden) bei … (beschreiben Sie
> seine Erkrankung). Danke, dass ihr uns allen Glau-
> ben und Hoffnung schenkt und uns helft, darauf zu
> vertrauen, dass alles in göttlicher und perfekter Ord-
> nung ist. Danke, dass ihr uns klare Führung bezüg-
> lich der Schritte zukommen lasst, die wir vornehmen
> müssen.*«

Nachdem der Vater von Michael Murth ein neues Hüftgelenk bekommen hatte, ging er in ein Rehabilitationszentrum. Dort fiel Michael ein Bild von Erzengel Raphael an der Wand auf. Also bat Michael den Erzengel, seinem Vater zu helfen und ihn ganz schnell zu heilen.

Er empfing eine innere Botschaft, die besagte, dass sein Vater bestens beschützt war und bald wieder ganz gesund sein würde. Und so geschah es. Michaels Vater konnte in sehr kurzer Zeit wieder gehen und hatte keine Schmerzen mehr.

Wie Sie Erzengel Raphael
um eigene Gesundheit bitten können

Wenn Sie Erzengel Raphael um eine Heilung bitten, wird er umgehend in Ihrem Namen aktiv. Wie Sie lesen werden, sind Raphaels Heilungsmethoden perfekt auf die Situation und Bedürfnisse jedes einzelnen abgestimmt. Manchmal nimmt er eine direkte Intervention vor, wobei die betreffende Person ein starkes Kribbeln fühlen wird, gefolgt von einer umfassenden und sofortigen Heilung. Zu anderen Zeiten wird Raphael den Betreffenden zu dem optimalen Arzt oder Heiler führen. Erzengel Raphael reagiert positiv auf jedes Gebet, jede Affirmation und Visualisierung, auf jeden Brief oder alle anderen Formen der Bitte um seine Hilfe.

Es spielt keine Rolle, wie Sie beten, so lange Sie es tun.

✑✑✑

Suzie O'Neill entdeckte diese Tatsache, als ihr Leben so stressig geworden war, dass sie einen Ausschlag im Gesicht bekam, der ihre Sehfähigkeit beeinträchtigte. Suzies Augenarzt sagte, dass sie wahrscheinlich teilweise oder vielleicht sogar vollständig die Sehkraft in ihrem linken Auge verlieren würde.

Nach der Diagnose ihres Arztes ging Suzie nach Hause, warf sich aufs Bett und schluchzte: »Erzengel Raphael, bitte sorge dafür, dass ich die Sehkraft in meinem linken Auge nicht verliere!«

Der Ausschlag wurde besser und verschwand schließlich ganz, ohne das Auge zu schädigen, sehr zur Verwunderung ihres Augenarztes. Suzie sagte dem Arzt nichts, doch sie weiß, dass alles so gekommen war, weil sie Erzengel Raphael angefleht hatte, ihr Auge zu heilen – sie hatte ihn nicht gebeten, den Ausschlag zu heilen, der jedoch gleichzeitig verschwand.

Da Erzengel Raphael als himmlischer Augenarzt verehrt wird (seit er laut der Schriftrollen vom Toten Meer im *Buch Tobias* selbigen von seiner Blindheit geheilt hatte), ist Suzies Geschichte von besonderer Bedeutung.

Suzies inständige Bitte an Raphael kam aus ihrem tiefsten Herzen und war klar, genau die Art von Gebet, die schnelle Resultate bringt. Ein Zögern, Hilfe anzunehmen, kann eine spirituelle Heilung blockieren oder verlangsamen. Also, hundertprozentig sicher zu sein, dass Sie eine Heilung wollen, ist die beste Voraussetzung, sie auch zu erhalten.

Klären und Loslassen

Zu einem Großteil der himmlischen Heilungen Raphaels gehört, dass er toxische Energien beseitigt, welche die Krankheit verursachen. Ebenso wie physische Toxine führen auch energetische Gifte zu physischen Erkrankungen.

∞∞∞

In dieser nächsten Geschichte erlebte Charlotte Sison, wie Raphael Energie beseitigte, die sich bis zu einem solchen Grad »verhärtet« hatte, dass sie das Gefühl hatte, als sei ihr Kopf von einem starren Helm umgeben. Ich habe mehr als einmal gesehen, wie diese Helme und Fesseln Schmerz hervorrufen ähnlich der Migräne, unter der Charlotte litt.

»Ich bekam Fieber, Halsschmerzen, alle Glieder taten mir weh; ich hatte Migräne, einen trockenen Husten und mir war schlecht.

Da ich nie zuvor eine Krankheit mit dieser Kombination ernster Symptome hatte, bekam ich es mit der Angst zu tun – vor allem, weil damals gerade die Schweinegrippe umging.

Da ich nicht gerne Medikamente nehme, beschloss ich, die Engel um Hilfe zu bitten. Also nahm ich ein paar tiefe Atemzüge, entspannte mich und rief Erzengel Raphael an mit der Bitte, mich zu heilen.

In den ersten paar Minuten fühlte ich nichts außer dem pochenden Schmerz auf der linken Seite meines Kopfes. Doch ich machte weiter: mit geschlossenen Augen atmete ich tief und regelmäßig, entspannte mich und rief Raphael herbei.

Und plötzlich merkte ich, wie sich die Luft im Zimmer veränderte und warm wurde. Vor meinem inneren Auge sah ich die Vision eines geflügelten Engels, der mich behandelte, mich beruhigte und meinen Kopf massierte. Ich fühlte und sah seine Hand, wie sie langsam etwas von der linken Seite meines Kopfes entfernte. Es dauerte eine Weile und schien schwierig zu sein, so als wäre ein Helm an meinem Kopf festgenagelt.

Ich sah und fühlte, wie Raphael langsam begann, zuerst vier Nägel zu entfernen und dann den Helm. Ich merkte, dass dies die Migräne war, und der Helm symbolisierte sie. Dann nahm er den Helm von meinem Kopf und gab ihn Erzengel Michael (der während der ganzen Zeit, wo Raphael mich behandelte, neben ihm stand), und ich nahm an, dass Michael dieses »Ding« ins Licht tragen würde.

Als nächstes sah ich, wie Raphael einen kleinen ›Staubsauger‹ in meinen Mund legte und das Phlegma und den Schleim aus meiner Lunge, meiner Nase und meinem Hals saugte. Er ging sehr sanft dabei vor. Dann drehte Raphael den Staubsauger um und sprühte eine grüne, Zahnpasta-ähnliche Substanz in meinen Brustraum. Das tat er so lange, bis ich vor meinem inneren Auge die Vision einer strahlend sauberen Lunge sah.

Der letzte Gedanke, an den ich mich erinnerte, bevor ich einschlief, war: ›Die Migräne scheint weg zu sein.‹ Als ich später am Nachmittag aufwachte, hatte ich weder Fieber noch Kopfschmerzen mehr, und auch das enge Gefühl in meiner Brust war verschwunden.

Für mich war das Ganze ein echtes Wunder. Danke, Erzengel Raphael. Jetzt weiß ich, dass ich ihn immer um Hilfe bitten kann.«

Sie können Raphael mit einer smaragdgrünen Lötlampe visualisieren, die Blockierungen wie Charlottes Helm weg-brennt. Außerdem entfernt der Erzengel Fesseln oder Ketten vom Körper (vor allem um den Hals, in Situationen wo Sie sich von anderen kontrolliert fühlen), die zu eingeschränkter Bewegung und Schmerzen führen können. Und dazu müssen Sie nichts anderes tun, als Raphael anzurufen, so wie Char-lotte es getan hat, zum Beispiel mit diesem einfachen *Gebet*:

> » *Erzengel Raphael, ich bitte dich, jetzt zu mir zu kommen und* (beschreiben Sie die Symptome) *zu heilen, damit ich mich wieder gesund und wohl fühle.* «

Eine Frau namens Deborah erfuhr, dass Raphael umge-hend auch chronische Krankheiten heilen kann.

Deborah hatte seit ihrer Geburt unter Niereninsuffizienz und damit einhergehenden Komplikationen gelitten, und im Laufe der Jahre hatte sie immer wieder Infektionen und musste häufig unangenehme Tests und Untersuchungen über sich ergehen lassen.

Die Ärzte rieten ihr zu einem operativen Eingriff, doch sie zögerte, bis man ihr schließlich sagte, dass sie andernfalls bei der nächsten Infektion die ganze Niere verlieren könnte. Also ließ sie sich 1998 operieren, alles verlief bestens, und das Leben ging weiter.

2006 wurde Deborah plötzlich wieder krank, und sie hatte große Angst, erneut Probleme mit ihrer Niere zu bekommen oder noch einmal operiert werden zu müssen. Obwohl sie inständig um Hilfe flehte, ging es ihr zusehends schlechter, bis die Ärzte sagten, sie bräuchte eine Ultraschall-Untersuchung sowie einen Test, bei dem ihr eine radioaktive Substanz in die Vene gespritzt wird, um den Zustand der Niere genau sehen zu können. Diese Untersuchungen sind sehr teuer, und Deborah wusste nicht, woher sie das Geld dafür nehmen sollte. Das war der Moment, wo das erste Wunder passierte, wie sie sich erinnert:

»Am Tag meiner Untersuchung rief mich das Krankenhaus an und sagte, dass die Maschine für den radioaktiven Test kaputt war und sie die Untersuchung zum Ausgleich umsonst machen würden, wenn ich einverstanden sei, erst am nächsten Morgen zu kommen. Ich freute mich und war natürlich sofort einverstanden!

Während der Untersuchung konnte ich auf einem Monitor sehen, wie meine Niere funktionierte. Das war der Moment, wo das zweite Wunder geschah. Der Monitor zeigte, dass meine rechte Niere normal arbeitete und die linke überhaupt nicht. Sofort bat ich Erzengel Raphael, meine Niere komplett zu heilen. Ich entspannte mich und stellte mir vor, wie alle Engel meiner linken Niere smaragdgrünes Heilungslicht schickten. Ich visualisierte, wie Erzengel Raphael tatsächlich an meiner linken Niere arbeitete, um sie vollständig zu heilen, und hielt die ganze Zeit an dem Gedanken fest, dass ich gesund war, perfekt und in jeder Hinsicht vollkommen.

Nach ungefähr zehn Minuten war eine erstaunliche Veränderung in der Funktion meiner linken Niere eingetreten, und wir alle konnten deutlich sehen, dass beide Nieren fast gleich arbeiteten. Am nächsten Tag untersuchte mich die Spezialistin noch einmal und stellte völlig verblüfft fest, dass meine Nieren beinahe hundertprozentig funktionierten.

Zuerst dachte die Ärztin, sie hätte die falschen Bilder; dann stellte sie sicher, dass die Maschinen richtig funktionierten; und schließlich kam sie zu dem Schluss, dass es sich hier um eine Art Wunder handelte und sie sich nicht erklären konnte, warum ich immer wieder krank geworden war.«

Seit diesem wunderbaren Erlebnis mit Erzengel Raphael im Jahre 2006 hatte Deborah nicht eine einzige Infektion mehr und ist sich sicher, dass sie auch nie wieder eine haben wird.

Heilung plötzlich auftretender Krankheiten

Außer chronischen Krankheiten wie die von Deborah kann der Heilungsengel auch plötzliche Erkrankungen heilen, wie es ein Mann namens Michael in Hongkong erlebt hat.

Während der Vorbereitungen für ein wichtiges Meeting hatte er in einem in der Nähe gelegenen Restaurant gegessen und sich eine Lebensmittelvergiftung geholt. Er merkte gleich, dass irgendetwas an dem Essen nicht in Ordnung war, doch weil er hungrig war und zu müde, um woanders hinzugehen, aß er es trotzdem.

Eine halbe Stunde später überfielen ihn die ernsten Symptome einer Lebensmittelvergiftung. Abgesehen von den damit einhergehenden Schmerzen hatte Michael wegen seines wichtigen Termins am nächsten Morgen keine Zeit, krank zu sein. Er war alleine nach Hongkong geflogen und musste dieses Meeting erfolgreich hinter sich bringen, damit er schnell nach London zurückkehren konnte, wo er wohnte.

Michael rollte sich vor Schmerz zusammen und klammerte sich an das schweißnasse Laken seines Bettes. Dann plötzlich kam ihm Erzengel Raphael in den Sinn. Da ihm keine andere Möglichkeit mehr blieb, gab Michael auf und fühlte im gleichen Moment eine Präsenz neben seinem Bett. Er hatte die Augen geschlossen und wusste dennoch, dass etwas oder jemand da war.

Michael sagt: »Es fühlte sich an, als würde ich liebevoll umarmt. Und im nächsten Moment hörte der Schmerz auf, das Fieber war weg, und ich war von Frieden erfüllt.«

Am nächsten Morgen fühlte Michael sich bestens, so als wäre nichts geschehen. Das Meeting wurde ein voller Erfolg.

Michael sagt weiter: »Dieses Erlebnis hat mir bestätigt, was ich schon früher gelesen habe: dass die Engel real und unglaublich machtvoll sind. Ich wusste, dass das, was passiert war, nach irdischen Maßstäben unmöglich war. Diese heilende Begegnung hat mich in meinem Glauben bestärkt und mir den Mut gegeben, in allen Bereichen meines Lebens bei Bedarf die Engel anzurufen und ihnen die Kontrolle zu überlassen.«

Wenn Michael davon redet, den Engeln »die Kontrolle zu überlassen«, meint er die Notwendigkeit aufzugeben, allein mit der Situation fertig zu werden. Diese Art des Loslassens ist eine wichtige Komponente bei spiritueller Heilung, da es sich dabei um das Äquivalent des Öffnens einer Tür handelt, um Reinigungspersonal hereinzulassen, damit sie ihren Job machen können.

So oft habe ich mit Menschen gearbeitet, die aus den verschiedensten Gründen Angst hatten, loszulassen (zum Beispiel Misstrauen Gott gegenüber; das Bedürfnis, die Kontrolle beizubehalten; oder mangelnde Bereitschaft, Heilung zu empfangen.) Es handelt sich also um eine Sache des freien Willens, da der Himmel niemandem helfen kann, der sich nicht helfen lassen will.

Wenn Sie glauben, dass Sie Probleme mit dem Loslassen von Kontrolle haben könnten, ist es eine gute Idee, die Engel diesbezüglich um Hilfe zu bitten. Hier ist ein wunderschönes *Gebet* zu diesem Zweck:

> » *Lieber Gott, bitte hilf mir, mich zu entspannen und Vertrauen zu haben in deine wunderbaren Fähigkeiten, meine Gesundheit wiederherzustellen. Bitte hilf mir, den Weg frei zu machen, damit du und die Engel im Namen göttlicher Heilung ungehindert in meinen Geist, meinen Körper und meine Seele kommen können. Amen.* «

Ihr freier Wille ist der Schlüssel

Machen Sie sich bewusst, ob Sie wirklich geheilt werden wollen. Wenn es auch schwer nachvollziehbar erscheint, ist es eine Tatsache, dass manche Menschen unbewusst Heilungen blockieren, weil sie tief in ihrem Inneren Angst davor haben, sich wohl und gesund zu fühlen. Die Gründe dafür sind unter anderem:

* der Wunsch, nicht die »Sekundärgewinne« zu verlieren, die mit Krankheit assoziiert sind, wie zum Beispiel Sympathie oder Arbeitsunfähigkeitsrente;
* das Gefühl, die Hilfe des Himmels nicht verdient zu haben;
* und Angst davor, Verantwortung für die eigene Gesundheit zu übernehmen.

Wie bei allem, was mit Gesundheit zu tun hat, können Sie Gott und die Engel bitten, jegliche Ängste zu klären, die möglicherweise eine Heilung blockieren könnten, zum Beispiel mit diesem *Gebet:*

> *» Lieber Gott und Erzengel Raphael, ich möchte geheilt werden. Ich öffne euch jetzt total mein Herz und meine Seele und bitte euch, alle bewussten oder unbewussten Ängste bezüglich der Wiedererlangung meiner Gesundheit zu beseitigen. Ich wünsche mir aus ganzem Herzen und mit meinem freiem Willen, offen zu sein, um deine heilenden Wunder empfangen zu können.«*

Sobald Sie hundertprozentig bereit und willens sind, eine Heilung zu erfahren, müssen Sie nur noch um Hilfe bitten, so wie Michael Nuth es getan hat. In der Vergangenheit litt er häufig unter Sodbrennen, was er mit allen möglichen Medikamenten zu lindern versucht hatte. Nachdem er von Erzengel Raphael und seinen heilenden Fähigkeiten hörte, bat er ihn, ihn zu heilen. Seit jenem Tag leidet er nur noch sehr selten unter Sodbrennen, und es war nie mehr so schlimm, dass er Medikamente nehmen musste.

Wie ich bereits betont habe, ist die Art, *wie* Sie Erzengel Raphael um Hilfe bitten, weniger wichtig als die Tatsache, *dass* Sie es tun. Ich habe jedoch festgestellt, dass Gebete besonders machtvoll sind, wenn jemand verzweifelt nach Hilfe verlangt, wie es bei Linda der Fall war:

> »Vor einigen Jahren bekam ich ein Drüsenfieber und litt ganz extrem unter Halsschmerzen. Der Schmerz war so groß, dass ich weder schlucken, essen noch schlafen konnte. Eine Woche lang konnte ich vor lauter Schmerz und Verzweiflung nur noch heulen, während die Ärzte machtlos waren, da die Infektion nicht mit Antibiotika oder anderen Medikamenten behandelt werden konnte. Tagelang lag ich mit großen Schmerzen und Fieber im Bett. Am fünften Tag dieser Erkrankung, um drei Uhr nachts, wachte ich auf

und bat Erzengel Raphael auf den Knien schluchzend um Erleichterung und Heilung, da ich diesen unerträglichen Schmerz nicht länger aushalten konnte.

Danach kroch ich erschöpft ins Bett zurück, schlief wie ein Stein und wachte am nächsten Morgen total frei von Symptomen auf! Ich hatte keinerlei Schmerzen mehr, nicht ein einziges sichtbares Zeichen von Krankheit! Welch ein fantastisches Wunder! Ich war dem heiligen Raphael aus tiefster Seele dankbar für die ungeheure Liebe und Heilung, die er mir geschenkt hatte.«

Ich glaube, dass Lindas Gebete umgehend beantwortet wurden, weil sie keinerlei Ängste hatte, Raphaels Behandlung anzunehmen. Sie ersehnte aus tiefster Seele die Hilfe des Himmels, daher musste Raphael nicht auf die Ängste des freien Willens Rücksicht nehmen, die das Äquivalent einer verschlossenen Tür sind, die ihn daran hindert, hereinzukommen.

Sie können auch affirmativ beten, wie es Nicole getan hat, als sie ein leichtes Kribbeln unter ihrer Nase fühlte, was in der Vergangenheit oft ein erstes Anzeichen für schmerzhafte und störende Fieberbläschen war. Nicole fühlte sich angeleitet zu meditieren, während sie Raphael um Heilung bat. Also setzte sie sich in den Garten und dachte Affirmationen, wie zum Beispiel: »Meine Nase ist völlig geheilt« und: »Ich bin total entspannt und gesund.« Nach ein paar Minuten fühlte Nicole, wie Raphael sagte: »Es ist geheilt.«

Und richtig, als Nicole wieder ins Haus ging und in den Spiegel schaute, sah sie, dass die Haut unter ihrer Nase wieder von normaler Farbe war und das Kribbeln aufgehört hatte. Nach einer Stunde fühlte sie, dass die blockierte Energie wieder frei fließen konnte. Nicole sagt: »Das war eine große Erleichterung und eine wunderbare Erinnerung daran, immer um Hilfe zu bitten und mir die Zeit zu nehmen, sie zu empfangen.«

Nicoles positive Affirmation (»Ich bin total entspannt und gesund«) stellte für sie eine machtvolle Möglichkeit dar, die Tür für Heilung zu öffnen. Spirituell und energetisch sind solche Affirmationen mit der vorausgegangenen Geschichte von Linda identisch, die aufgrund ihrer extremen Verzweiflung Raphael auch die Tür geöffnet hatte. Sowohl Linda als auch Nicole hatten keine Bedenken und zögerten nicht: sie wollten geheilt werden, sie baten um Heilung und sie wurden geheilt.

Ein Gefühl von Hitze und Kribbeln

Alle, die von Erzengel Raphael geheilt werden, empfinden in der Regel während der himmlischen Intervention ein Gefühl der Hitze und ein Kribbeln, so auch Amanda Pearl nach ihrer Hüftverletzung, die sie sich beim Basketball-Training zugezogen hatte. Die Verletzung war so schmerzhaft, dass sie kaum einen Fuß vor den anderen setzen konnte.

Wann immer Amanda versuchte, sich zu bewegen, kamen ihr vor Schmerz die Tränen! Doch die Pflicht rief, und am nächsten Morgen saß sie schon wieder früh mit ihrem Basketball-Team im Bus auf dem Weg zum nächsten Spiel.

Auf der Fahrt bat Amanda innerlich Erzengel Raphael, ihre Hüfte zu heilen, da der sonst vor ihr liegende Tag bei soviel Schmerzen und eingeschränkter Bewegung sehr schwierig werden würde. Im nächsten Moment fühlte sie, wie ihre Hände zuerst ganz kalt wurden und dann sehr heiß, bis sie anfingen zu kribbeln. Kurz danach fühlte sie die gleichen kalten, heißen und kribbelnden Gefühle in ihrer Hüfte.

Als sie zwei Stunden später an ihrem Ziel ankamen, stieg Amanda vorsichtig aus dem Bus und war hocherfreut, als sie merkte, dass sie keine Schmerzen mehr hatte und problemlos einen Fuß vor den anderen setzen konnte – ihre Hüfte war vollkommen geheilt!

Die kribbelnde Hitze ist zweifellos die ungeheure Energie, die Erzengel Raphael generiert und in die Menschen strömen lässt, die er heilt. Sie ist einer gewaltigen Welle von Elektrizität vergleichbar, die Sie auf eine angenehme und wunderbare Weise durchströmt.

Manchmal lösen diese Empfindungen zudem eine vibrierende Wirkung aus, wie sie eine Frau namens Susan White erlebt hat:

»Ich lag seit Tagen mit einer schweren Grippe im Bett, und der ganze Körper tat mir weh. Ich rief Erzengel Raphael an und bat ihn, meinen Körper zu heilen. Ich gab mir selbst die Erlaubnis, mich den liebevollen, heilenden Energien des Engels voll zu öffnen.

Nach einer kleinen Weile merkte ich, dass mein Körper vibrierte, und es fühlte sich an, als würde jemand an verschiedenen Teilen meines Körpers ziehen. Das ging eine Zeitlang so weiter, und ich genoss dieses erstaunliche und wundervolle Gefühl. Ich wusste, dass Erzengel Raphael bei mir war, zusammen mit einigen anderen liebevollen Engeln. Irgendwann schlief ich ein.

Als ich am nächsten Morgen aufwachte, waren meine Schmerzen und das Fieber weg, und ich dankte auf der Stelle Gott, Erzengel Raphael und den Engeln für ihre wunderbare Hilfe.«

Ich glaube, dass das Kribbeln und die Vibrationen Wellen der Energie Raphaels sind, die wie heilende Laserstrahlen durch den Körper pulsieren. Die Vibrationen beseitigen Toxine und machen die Durchgänge des Körpers frei, damit gesundes Blut und Sauerstoff wieder ungehindert fließen kann.

Smaragdgrünes Heilungslicht

Menschen, die Energie sehen können (entweder mit ihren physischen Augen oder als Bild vor ihrem inneren Auge), erscheint Raphael stets umgeben von einem smaragdgrünen Licht. Interessanterweise ist das die Farbe, die seit jeher mit dem Herzchakra und der Energie der Liebe assoziiert wird. Also badet Raphael unseren Körper sprichwörtlich in Liebe, um seine Heilungen zu vertiefen.

Manche Menschen sehen Raphaels smaragdgrünes Licht als Funken, Blitze oder Wasserfälle grüner Farbe. Darüber hinaus können Sie smaragdgrünes Licht visualisieren, das jeden Bereich Ihres Körpers umgibt, den Sie heilen möchten, wie Jenn Prothero entdeckte, als sie Raphael bat, ihren Vater zu heilen.

Nachdem die Ärzte bei Jenns Vater Blasenkrebs diagnostiziert hatten, fing sie umgehend an, im Namen ihres Vaters mit Raphael zu arbeiten. Während tiefer Meditationen bat Jenn den Erzengel, die Blase ihres Vaters mit seinem grünen Licht einzuhüllen und alle Krebszellen fort zu waschen und alle Energien zu beseitigen, die nicht seinem höchsten Gut dienten. Außerdem bat Jenn, dass ihr Vater wieder ganz gesund werden möge.

Für Jenns Vater bestand während der Operation ein hohes Schlaganfall-Risiko, was ernste Komplikationen befürchten ließ. Also verbrachte Jenn am Tag der Operation den Morgen in Meditation, wobei sie mit Raphael und anderen Heilungsengeln sprach. Sie bat die himmlischen Wesen, sich um jedes

Detail zu kümmern, damit die Genesung und Gesundheit ihres Vaters gewährleistet war.

Nach der Operation sagte ihr Vater zu Jenn: »Ich würde gerne einen Morgenspaziergang machen.« Am nächsten Tag wurde er aus dem Krankenhaus entlassen. Er hatte keine Schmerzen, keine Infektion und kaum Beschwerden. Jenn sagt: »Ich weiß, dass Raphael sich um alles gekümmert und meinem Vater geholfen hat, und ich bin ihm sehr dankbar!«

Wenn Sie für jemanden beten, der sich einer Operation unterziehen muss, ist es eine gute Idee, Gott und Erzengel Raphael zu bitten, während des Eingriffes die Hände des Arztes zu führen. Der Himmel kann den freien Willen des Arztes nicht unterminieren, doch Raphaels Präsenz im Operationssaal (dank Ihrer Einladung) übt definitiv eine heilende Wirkung aus, wie Heather Vaughn feststellen durfte:

> »Voriges Jahr musste mein Vater sich von einem Tag auf den anderen unerwartet einer dreifachen Bypass-Operation unterziehen, und ich bat Raphael, die Hände der Chirurgen zu führen, meinen Vater zu heilen und mir die Kraft zu geben, mit dem plötzlichen Schock fertig zu werden.
>
> Ich schickte meinem Vater machtvolle Heilungs-Intentionen und umgab ihn mit einem grünen Licht.
>
> Der Arzt sagte, dass die Operation einfacher als erwartet verlaufen war und er keinen Zweifel daran hatte, dass mein Vater wieder ganz gesund

würde. Heute ist er vollkommen genesen und
fühlt sich wie ein neuer Mann. Außerdem ist er
glücklicher und gesünder, als ich ihn seit langem
gesehen habe.«

Heathers Gebete waren so machtvoll, weil sie Raphael sowohl gebeten hatte, die Hände des Chirurgen zu führen, als
auch ihren Vater während der Operation mit heilendem grünen Licht zu umgeben. Ich habe gelernt, wie wichtig es ist,
detaillierte Gebete wie das von Heather zu benutzen, weil
der Himmel bei allem unsere Erlaubnis braucht, um intervenieren zu können.

Andererseits ist es nicht klug, Gott und Raphael ein Dreh-
buch auszuhändigen bezüglich dessen, wie die Heilung vorgenommen werden soll (was »eingrenzen« genannt wird,
eine Methode, die die Antworten auf Ihre Gebete blockieren
kann, da Sie nicht in der Lage sein werden, die unterschiedlichen Möglichkeiten der Beantwortung Ihres Gebetes zu
sehen.)

Der Schlüssel ist, den Himmel darum zu bitten, dass alle
Details der Heilung von ihm übernommen werden, ihm jedoch nicht zu sagen, wie er diese Heilung herbeiführen soll,
wie ich im Verlaufe dieses Buches noch mehrmals betonen
werde, da es sich um einen so essentiell wichtigen Punkt
handelt.

Raphael kann alles heilen!

Ein weiterer wichtiger Punkt besteht darin zu wissen, dass der Himmel alles und jeden heilen kann. Hüten Sie sich vor mentalen Blockierungen wie: »Das ist so schlimm, dass der Himmel es unmöglich heilen kann«, oder den entgegengesetzten, aber energetisch identischen Gedanken: »Das ist doch viel zu klein, als dass der Himmel sich darum kümmern würde.«

Die Engel haben mir mal gesagt: »Materie spielt keine Rolle.«

Sie erklärten, dass materielle Dinge, wie zum Beispiel unsere Körper, formbar sind und daher leicht von ihnen geheilt werden können. Die Engel freuen sich, uns zu helfen und alles zu heilen, was der Heilung bedarf, einschließlich nichtorganischer Störungen und Beschwerden. Schließlich wissen die Engel, dass auch geringe Stressfaktoren sich zu einem ungesunden Stress auswachsen können.

Meine Mutter Joan Hannan hat mit Gebeten sowohl unser kaputtes Auto als auch unsere Waschmaschine geheilt. Ich sehe Mom noch deutlich vor mir, die Hände zum Gebet gefaltet, mit geschlossenen Augen und einem friedlichen Ausdruck auf ihrem Gesicht, während sie die Engel leise bat, sich um die Heilung dieser Objekte zu kümmern, da unser begrenztes Budget keine Reparaturen oder Ersatz für Waschmaschine oder Auto erlaubte.

Daher bin ich nicht überrascht zu hören, dass Mary Jean George erfolgreich Erzengel Raphael um die Heilung ihres Autos gebeten hat. Mary Jean verlor Mitte 2008, auf dem Höhepunkt der ökonomischen Rezession, ihren Job. Während sie sich nach einer neuen Stelle umschaute, war ihre finanzielle Situation äußerst eingeschränkt, was keinen Raum für unerwartete Ausgaben ließ. Das ist der Grund, warum sie sich an Erzengel Raphael wandte, als sie ein Problem mit ihrem Auto hatte.

Das elektrische Fenster auf der Beifahrerseite machte plötzlich bedenkliche Geräusche, bevor der Mechanismus überhitzte und ruiniert war. Ein neuer Motor für das Fenster würde plus Einbau mehrere hundert Dollar kosten, die sie einfach nicht hatte. Dann kam der Tag, wo sie wieder einmal erfolglos versucht hatte, einen neuen Job zu finden, als sie mit der Faust von innen auf die Tür des Wagens schlug und ausrief: »Erzengel Raphael, ich weiß, dass du alles heilen kannst! Könntest du bitte den elektrischen Motor dieses Fensters heilen?«

Jedes Mal, wenn sie das Fenster auf- oder zurollen wollte, quietschte der Mechanismus weiterhin, und Mary Jean fühlte sich irgendwie dumm, Raphael wegen einer solchen Lappalie um Hilfe zu bitten, doch dankte sie ihm dennoch schon im Voraus.

Ein paar Tage später hörte das Quietschen plötzlich auf! Zunächst dachte Mary Jean, dass es sich dabei nur um eine zufällige Unterbrechung handelte und das Fenster bald wieder mit dem gleichen Gequietsche reagieren würde, doch bis heute ist es still geblieben und funktioniert einwandfrei.

Mittlerweile sagt Mary Jean jedes Mal, wenn sie ihr Fenster herunter rollt: »Danke, Erzengel Raphael, dass du mein Gebet beantwortet hast.«

So wie Mary Jeans Geschichte und andere Berichte in diesem Buch deutlich machen, tritt Heilung stets im Rahmen eines göttlichen Timings ein. Manchmal ist sie umgehend, und zu anderen Zeiten scheint sie sich zu verzögern. Vielleicht liegt der Grund für diese Verzögerungen darin, dass zunächst der Widerstand unseres freien Willens gegen eine Heilung entfernt werden muss; oder vielleicht sieht Gott andere Faktoren, die der Klärung bedürfen, bevor Heilung eintreten kann.

Seien Sie standhaft in Ihrem Glauben und vertrauen Sie darauf, dass Gott und Raphael Ihre Gebete erhören. Mit Ihrer Bitte um Hilfe haben Sie die Tür für göttliche Unterstützung, Führung und Beistand geöffnet.

Im nächsten Kapitel werden wir uns anschauen, wie der Himmel Millionen von Menschen helfen kann, die unter Schmerzen leiden.

Mit Erzengel Raphaels Hilfe können Schmerzen erfolgreich gemindert und sogar eliminiert werden.

Zweites Kapitel

Heilung von Schmerz

*» Lieber Erzengel Raphael, danke dass du meinem
Körper hilfst, sich in jeder Hinsicht gesund und wohl
zu fühlen. Danke, dass du alle Arten von Schmerz
vollständig beseitigst. «*

Statistiken zeigen, dass Millionen von Menschen unter
chronischen oder vorübergehenden Schmerzen leiden
und dass sie jährlich Milliarden von Dollar für schmerzlin-
dernde Medikamente und Therapien ausgeben. In diesem
Kapitel werden wir näher betrachten, wie Erzengel Raphael
Schmerzen heilen kann.

In manchen Fällen hört der Schmerz sofort auf, während
er in anderen allmählich nachlässt. Die nachfolgenden Geschichten zeigen eindeutig, wie groß Raphaels ungeheures
Mitgefühl für jeden ist, der unter Schmerzen leidet. Er steht
allen bei, die Not leiden und hilft ihnen, wieder gesund zu
werden und sich wohl zu fühlen.

Wundersamer Schutz vor Schmerz

Erzengel Raphael kann ohne Frage Schmerzen lindern und beseitigen. Doch kann er außerdem dafür sorgen, dass es gar nicht erst zu Schmerzen kommt. Rose Nickersons Erlebnis ist ein Wunder und tief berührend (Holen Sie sich ein Taschentuch, bevor sie ihren Bericht lesen!):

»Ich war im Krankenhaus, todkrank und von Angst erfüllt. Ein paar Tage vorher war ich zusammengebrochen, und die Ärzte konnten nicht herausfinden, was mir fehlte. Alle Tests und Untersuchungen waren ergebnislos. Da ich klein bin und winzige Venen habe, waren meine Arme aufgrund der Blutuntersuchungen und Injektionen geschwollen und blau angelaufen.

Eines frühen Morgens kam die Krankenschwester, um mir erneut Blut abzunehmen und zu sehen, ob ich innere Blutungen hatte. Die Ärzte hatten ihr gesagt, sie solle fünfzehn Glasröhrchen mit meinem Blut füllen! Und weil meine Arme in so schlechtem Zustand waren, musste sie das Blut von meiner Hand abnehmen – die schmerzhafteste Stelle für eine Blutabnahme! Ich hatte solche Angst vor den Nadeln und den Schmerzen, dass ich in Tränen ausbrach. Die Krankenschwester sagte: ›Es tut mir leid, doch es bleibt uns nichts anderes übrig.‹ Sie gab mir zehn Minuten, um mich innerlich auf die Prozedur vorzubereiten, während sie ging und ihre Instrumente vorbereitete.

Ich hatte das Buch *Erzengel Michael* mit ins Krankenhaus genommen und erinnerte mich, gelesen zu haben, dass Michael und Raphael zusammenarbeiten. Ich wiederholte mehrmals: ›Bitte, liebste Erzengel Michael und Raphael, ich bitte euch um eure Hilfe, diese Prozedur so schnell und so schmerzlos wie möglich hinter mich zu bringen. Kommt jetzt bitte zu mir und nehmt mir meine Angst und meine Schmerzen!‹

Die Schwester kam zurück, sagte mir, ich solle mich hinlegen, und stellte das Kopfende meines Bettes höher. Ich schloss die Augen und stellte mir vor, wie Raphaels heilendes grünes Licht mich umgab. Ich fühlte Michael an meiner linken und Raphael an meiner rechten Seite, und beide hielten meine Hände.

Als die Schwester dann das Blut abnahm, stellte ich erstaunt fest, dass ich nicht den geringsten Schmerz spürte. Ich fühlte mich angenehm warm und ruhig, sogar heiter, während sie die fünfzehn großen Glasröhrchen mit dem Blut aus meiner Hand füllte. Das Ganze dauerte volle zwanzig Minuten, und ich zuckte kein einziges Mal zusammen. Ich legte mich einfach in mein Kissen zurück und dankte den wunderschönen Erzengeln für ihre Hilfe.

Später erzählte ich der Krankenschwester von meinem Gebet zu den Erzengeln, und sie lächelte mich an und meinte: ›Sie sind immer für uns da. Wir müssen sie nur um ihre Hilfe bitten.‹

Im Laufe des Tages erhielt ich die Bestätigung, dass ich keine inneren Blutungen hatte und dass eine bakterielle Infektion der Grund für meinen Zustand war. Ich wurde behandelt und war in der Lage, schon zwei Tage später wieder nach Hause zu gehen, ohne dass weitere Tests oder Blutabnahmen nötig waren.«

Die Geschichte von Rose zeigt Raphaels erstaunliche Fähigkeit, jenen beizustehen, die dringend der Hilfe bedürfen. Er macht das scheinbar Unmögliche möglich. In verzweifelten Situationen wie der von Rose ist Beten das Einzige und zugleich Beste, was Sie tun können.

Wenn Silvias Situation auch nicht ganz so schlimm war wie die von Rose, so musste sie sich dennoch auf Raphaels Hilfe verlassen. Sie hatte einen entzündeten Zahn, der extrahiert werden musste, doch Silvia vertrug seit jeher weder Schmerz- noch Beruhigungsmittel. Also sagte sie ihrem Zahnarzt, er solle den Zahn ohne Betäubung ziehen. Der Dentist war jedoch gegen diese Entscheidung und erklärte ihr, dass der Schmerz zu groß sein würde. Doch Silvia wusste, dass es die richtige Entscheidung war, also stimmte der Arzt schließlich doch zu.

Zwei Tage vor ihrem Termin fokussierte Silvia sich auf Meditation, Beten und Kommunikation mit Erzengel Raphael. Sie bat ihn, sie vor Schmerzen und Schwierigkeiten bei der Prozedur der Zahnextraktion zu bewahren.

Am Tag vor dem Eingriff sagte Silvia ihrem Zahnarzt: »Alles wird okay sein. Ich werde nicht hier sein, sondern im Wald.« Beide mussten lachen. Als dann der Moment des Eingriffes kam, visualisierte Silvia Erzengel Raphaels grüne Energie und sein grünes Licht.

Der Arzt musste nur zweimal kräftig ruckeln, und schon war der Zahn draußen. Silvia hatte keinerlei Schmerzmittel genommen und versicherte, sie hätte nicht den geringsten Schmerz gespürt! Der Zahnarzt war beeindruckt und sagte, er könne nicht verstehen, wieso Silvia keine Schmerzen hatte. Sie sagte, dass sie meditiert hatte und ermutigte ihn, es auch mal zu versuchen. Die Wunde heilte innerhalb kürzester Zeit. Silvias Kommentar: »Ich weiß jetzt, wie real meine Verbindung zu Erzengel Raphael ist.«

Göttliche Führung

Erzengel Raphael beantwortet Gebete auf zwei Arten:

1. Durch direkte Intervention. Er heilt die Situation entweder sofort oder allmählich, ohne dass Sie weitere Schritte unternehmen müssen.

2. Er gibt Ihnen intuitive Anweisungen, die – falls Sie ihnen folgen – zu der Heilung führen werden, um die Sie gebeten haben.

Die zweite Methode wird »göttliche Führung« genannt, was bedeutet, dass Raphael Ihnen Anweisungen durch Ihr inneres Ohr, Ihr inneres Auge, Ihre Gedanken oder intuitiven Gefühle zuflüstert. Raphael leitet Sie zu den gezielten Aktionen, die zu Ihrer Heilung führen.

Sie können göttliche Führung daran erkennen, dass sie sich wiederholt. Sie werden eine ständig wiederkehrende Idee oder das Gefühl haben, bestimmte Dinge tun zu müssen, wobei Ihnen vielleicht völlig unklar ist, woher diese Idee kommt. Doch wenn Sie sie bis zu ihrem Ursprung zurückverfolgen, werden Sie merken, dass sie unmittelbar nach Ihrem Gebet um Heilung aufgetaucht ist.

Alle, die ihrer göttlichen Führung folgen, werden davon aufs Wunderbarste profitieren, während jene, die ihr misstrauen oder sie ignorieren, sich beschweren, dass Gott ihre Gebete nicht erhört. Doch wenn wir göttliche Führung ignorieren, sind wir Menschen es, die Gottes ausgestreckte Hand ignorieren.

CRCRCR

Lisa Smith ist sehr glücklich darüber, dass sie ihrer himmlischen Führung, die sie in Form einer inneren Stimme wahrnahm, gefolgt ist. Seit der Pubertät hatte Lisa während ihrer Menstruation jedes Mal unter extremen Unterleibsschmerzen gelitten und sich angewöhnt, die stärksten Schmerzmittel zu nehmen, die sie finden konnte, alle zwei Stunden vier Tabletten, weil die Schmerzen einfach unerträglich waren.

Die Ärzte rieten ihr, die Anti-Baby-Pille zu nehmen, doch auch das half nicht. Bis sie dann eines Tages mit einem geplatzten Eileiter, der blockiert gewesen war und die Schmerzen verursacht hatte, ins Krankenhaus gebracht wurde. Nach einer komplizierten Operation, von der sie sich fast drei Monate lang erholen musste, ging Lisa davon aus, dass sie nun ein Leben ohne Schmerzen führen konnte. Doch zu ihrem Horror kamen die Schmerzen zurück und waren schlimmer als zuvor, wofür die Ärzte bis zum heutigen Tag keine Erklärung haben.

Zum Glück entdeckte Lisa durch spirituelle Bücher und Seminare die Engel. Eines Abends rief sie Erzengel Raphael an, und zu ihrer Verblüffung fühlte sie im nächsten Moment eine Präsenz reiner Liebe und Wärme im Raum. Dann sah sie die Farbe Grün, klar und machtvoll. Lisa bat Raphael, sie von diesen unerträglichen Schmerzen zu heilen.

Lisa erinnert sich: »Ich hörte eine innere Stimme, die mich anwies, ein warmes Bad zu nehmen, meine Hände auf meinen Unterleib zu legen und sie (Raphael) zwei Tage vor meiner Periode anzurufen. Ich war mir nicht sicher, ob ich mir das Ganze vielleicht nur einbildete, doch ich sagte zu mir: ›Ein Versuch kann nicht schaden, schlimmer kann es nicht werden.‹«

Also folgte sie der Anweisung zwei Tage vor ihrer Periode bis ins Detail. Wie zuvor fühlte sie auch jetzt eine starke Wärme und sah ein grünes Licht, doch dieses Mal war ihr, als hätte jemand anderes seine Hände auf ihren Bauch gelegt, wobei die Hitze im Raum besonders ausgeprägt war!

Obgleich Lisa damals Zweifel daran hatte, ob das Ganze funktionieren würde, hat sie bis heute zu ihrer großen Freude während der Menstruation weder Schmerzen, noch musste sie jemals wieder eine Schmerztablette nehmen!

Lisa sagt: »Es war ein absolutes Wunder! Wenn ich mir manchmal auch heute noch von meinem Ego sagen lasse, dass alles nur Zufall war. Doch kann ich mit Sicherheit sagen, dass ich seit damals jedes Mal vor meiner Menstruation die genau gleichen Heilungsschritte vornehme und dass die Schmerzen nie mehr wieder gekommen sind. Heute kaufe ich nicht mal mehr Schmerzmittel. Erzengel Raphael hat mich davor gerettet, mich einmal jeden Monat verstecken und in der Angst vor Schmerzen leben zu müssen! Raphael ist der Heilungsengel der modernen Frau!«

Wenn Sie intuitive Führung empfangen und nicht sicher sind, ob es sich dabei um wahre göttliche Führung handelt, können Sie immer die Engel bitten, Ihnen klare Zeichen bezüglich der Gültigkeit der Führung zu geben. Hier sind ein paar Schlüsselelemente, die Ihnen helfen können, wahre Führung von falscher zu unterscheiden:

1. Wahre Führung erscheint als Antwort auf ein Gebet. Falsche Führung kommt als Antwort auf Angst.

2. Wahre Führung bleibt gleich und wiederholt sich immer wieder. Falsche Führung ändert sich ständig.

3. Wahre Führung ist exakt und detailliert. Falsche Führung geht mal in die und mal in jene Richtung.

4. Wahre Führung fokussiert sich auf Aktion. Falsche Führung fokussiert sich auf die Frage, »Wie profitiere ich davon?« (ist ego-zentriert!)

5. Wahre Führung fühlt sich warm und sicher an, falsche Führung hingegen kalt und heimtückisch.

Eine Frau namens Tawn Arrowhead beschloss, ihrer göttlichen Führung zu folgen, mit spektakulärem Resultat:

»Ich hörte mir auf Hay House-Radio eine alte Episode der *Angel Therapy*-Show an. Eine Anruferin litt unter Schmerzen, und Doreen rief gemeinsam mit ihr Raphael an mit der Bitte, seine heilende Arbeit zu verrichten.

Also fragte ich Raphael, was ich tun kann, um die Schmerzen in meinen Füßen zu beseitigen. In meinem Kopf hörte ich die Antwort, beziehungsweise wusste innerlich: ›Entgifte durch Baden.‹ Mir war nicht klar, was ich von dieser Botschaft halten sollte, da ich jeden Morgen dusche und abends immer ein Salzwasserbad nehme.

Was meinte er damit? Ich fragte noch einmal und erhielt erneut die gleiche Antwort: ›Entgifte durch Baden.‹ Hmm, dachte ich, ich begreife immer noch nicht. Sollte ich mehr als einmal täglich baden? Wie würde das meinen Schmerzen im Fuß helfen? Die nächsten Stunden versuchte ich angestrengt, die Information zu verstehen.

Dann dachte ich plötzlich an das neue Unternehmen meiner Freundin Catherine. Ich erinnerte mich, dass sie in ihrem ganzheitlichen Zentrum ›ionisierte Fußbäder‹ anbietet, also machte ich einen Termin mit ihr aus. Als ich das Zentrum betrat, fiel mein Blick auf ein großes Gemälde. Ich fragte meine Freundin: ›Catherine, wer ist die Person auf diesem Bild?‹

Sie antwortete: ›Aber Tawn, erkennst du ihn nicht? Das ist doch Erzengel Raphael!‹ Sofort wusste ich, dass ich auf dem richtige Weg war! Heute nehme ich ionisierte Fußbäder bei mir zu Hause und arbeite weiterhin auf neue und wunderbare Weise mit Erzengel Raphael und den anderen Engeln zusammen.«

Wenn wir göttlicher Führung folgen, arbeiten wir in Partnerschaft mit Gott und den Engeln. Jede Situation und jeder Mensch wird individuell und auf einzigartige Weise behandelt, daher achten Sie auf alle sich wiederholenden Gefühle oder Ideen, die auftauchen, nachdem Sie um Hilfe gebetet haben.

So wie in Tawns Geschichte haben auch Sie vielleicht das Gefühl, Detektiv zu spielen bei dem Versuch, die Hinweise zu enträtseln, die Raphael Ihnen gibt. Sie werden froh sein, dass Sie sich diese Mühe gemacht haben und Ihrer Führung gefolgt sind, wie Hilda Blair entdeckte.

Hilda hatte seit sieben Jahren unter Rückenschmerzen gelitten, und sowohl die Behandlungsversuche diverser Chiropraktiker und Akupunkteure als auch Krankengymnastik machten ihre Schmerzen nur noch schlimmer. Dann hörte Hilda von den Heilungskräften Erzengel Raphaels, und sie bat ihn auf der Stelle, ihre Rückenschmerzen zu heilen. Kurz darauf fühlte sie sich angeleitet, abends vor dem Schlafengehen im Bett Dehnübungen zu machen. Außerdem erhielt sie die Instruktion, sie möge visualisieren, wie sie frei von Schmerzen war und tanzte. Hilda folgte dieser Anleitung, und in weniger als einem Monat waren ihre Schmerzen weg, und sie sind bis heute nicht wiedergekommen.

Hilda sagt, sie habe gelernt, dass »Engel manchmal helfen, indem sie uns ins Ohr flüstern und uns sagen, was wir tun müssen, um *uns selbst* zu helfen. Heute weiß ich, dass meine Engel mir durch ein inneres Wissen oder Führung zeigen, was ich tun muss. Manchmal brauchen wir die Hilfe eines Arztes, doch ich weiß auch, dass wir Erzengel Raphaels Hilfe bekommen, wann immer wie sie brauchen und ihn darum bitten.«

Zuweilen wird Erzengel Raphael als eine Art Physiotherapeut tätig, der den Betreffenden anweist, seine Muskeln zu dehnen. Als sich Karen Forrest, eine ehemalige Krankenschwester, beim Schneeschaufeln vor ihrem Haus eine Muskelzerrung im Rücken zuzog, wandte sie sich umgehend an Erzengel Raphael. Karen konnte vor Schmerzen kaum laufen, als sie den Heilungsengel um seine Hilfe bat.

Während sie ihn zu sich rief, spürte sie bereits seine tröstende Präsenz. Sie fühlte Hitze und ein kribbelndes Gefühl, das ihren Rücken umgab. Sie visualisierte grüne Strahlen heilenden Lichtes um ihren Rücken und ihren ganzen Körper herum. Karen war zutiefst erleichtert in dem Wissen, dass Erzengel Raphael ihr helfen würde, auf natürliche Weise zu heilen.

Sie bat Raphael, ihr zu zeigen, was sie tun musste, um wieder ganz gesund zu werden. An diesem und dem darauffolgenden Tag fühlte Karen sich angeleitet, sich viermal täglich circa zwanzig Minuten der Länge nach ausgestreckt hinzulegen, um Heilung zu erhalten und ihrem Körper die Chance zu geben, wieder ganz gesund zu werden. Es erübrigt sich zu sagen, dass dies am ersten Tag kein Problem darstellte, da sie sowieso nicht in der Lage war, sich viel zu bewegen.

Doch am zweiten Tag fühlte sie sich bereits viel besser, wusste jedoch intuitiv, dass sie sich erneut für ihre himmlische Heilungssession hinlegen musste. Diesmal fiel es ihr schon weniger leicht, da sie jemand ist, der immer viel zu tun hat und nie auf den Gedanken kommt, sich zwischendurch einfach hinzulegen und auszuruhen. Lieber ignorierte sie jede Art erträglicher Rückenschmerzen und arbeitete einfach weiter. Dennoch folgte Karen dieses Mal dem inneren Drang, sich ein wenig hinzulegen.

Weil sie soviel Büroarbeit zu erledigen hatte, vergaß sie am zweiten Tag beinahe ihre vierte Heilungs-Session. Doch dann vernahm sie deutlich die Worte: »Leg dich hin.« Karen wusste, was diese Worte bedeuteten, also hörte sie sofort auf zu arbeiten und legte sich für ihre letzte himmlische Heilungssession hin.

Wie bei den vorhergehenden Sessions fühlte sie auch jetzt Erzengel Raphaels heilende Gegenwart, begleitet von dem Gefühl physischer Wärme und dem Kribbeln auf ihrem Rücken. Außerdem liebte sie es, die herrlichen Strahlen seines grünen Heilungslichtes zu sehen, die ihren ganzen Körper umgaben.

Karen sagt: »Am dritten Tag war ich wieder vollkommen hergestellt. Ich weiß aufgrund meiner Erfahrung als Krankenschwester, dass es normalerweise mindestens eine Woche dauert, um sich von einer Muskelzerrung, wie ich sie hatte, zu erholen. Ich war zutiefst dankbar für meine wunderbar himmlische Heilung.«

Vertrauen Sie darauf, dass Erzengel Raphael genau weiß, wie er Ihre Beschwerden heilen kann. Falls Sie nicht sicher sind, ob die Führung, die Sie empfangen, echt ist, sei es noch einmal wiederholt: Bitten Sie Raphael, seine Botschaft zu wiederholen, deutlicher zu machen oder zu bestätigen. Fürchten Sie nicht, den Erzengel durch Vorwitz oder Undank zu beleidigen: Sein Fokus ist einzig darauf ausgerichtet, Ihnen durch die Herstellung Ihrer Gesundheit erneut zu Wohlergehen und innerem Frieden zu verhelfen.

Bisweilen besteht Raphaels göttliche Führung in »Hausaufgaben«, die dazu dienen, Ihr Vertrauen in göttliche Heilung zu stärken. Wie wir bereits besprochen haben, kann der Himmel Ihren freien Willen nicht ausschalten oder unterwandern. Wenn sich also ein Teil von Ihnen einer Heilung widersetzt, wird Raphael Ihnen vielleicht helfen, diese Barriere zu beseitigen und Ihr Herz zu öffnen, damit Sie seine wunderbaren Energien ungehindert empfangen können.

Linda brauchte eine solche Hilfe, und Raphael wies sie an, Kerzen im wahrsten Sinne des Wortes als »Brennpunkte« zu entzünden, damit sie mit vollem Bewusstsein eine Heilung wünschen und wissen konnte, dass sie die Hilfe des Himmels verdiente. Linda litt seit acht Jahren unter Muskelschmerzen in Nacken und Kopf, die sie mittels chiropraktischer Behandlungen einigermaßen im Griff hatte. Doch im Laufe des Jahres 2007 wurden ihre Schmerzen immer schlimmer und führten dazu, dass ihr ganzer Körper in krampfähnliche Zuckungen verfiel, die manchmal eine ganze Woche anhielten, ein äußerst unangenehmer, schmerzhafter Zustand, der dazu führte, dass sie nichts mehr tun konnte. Was das Ganze noch schlimmer machte, war die Tatsache, dass eine medikamentöse Behandlung nicht half und die Untersuchungen keinerlei Hinweise auf eine zugrundeliegende Ursache erbrachten.

Das war der Moment, wo Linda beschloss, Erzengel Raphael um Hilfe zu bitten.

Während der Osterwoche 2008 fühlte sie sich angeleitet, sechs aufeinanderfolgende Tage lang jeweils sechs Kerzen zu entzünden. Sie visualisierte Raphaels grünes Heilungslicht um ihren Körper herum und dankte ihm für seine Liebe, Heilung und Schutz. Ihr Zustand verbesserte sich umgehend, und bis heute hat Linda nie mehr unter irgendeiner Form von schmerzhafter Muskelanspannung gelitten!

Die Kerzen verstärkten Lindas Klarheit, Fokus und Vertrauen, ebenso ihre Meditationen, bei denen sie grünes Licht visualisierte, das ihren Körper umgab, was eine weitere Methode ist, Raphaels heilende Präsenz einzuladen. Darüberhinaus benutzte Linda »affirmative Gebete«, was bedeutet, dem Himmel vorab für seine Hilfe zu danken. Dies ist eine wirksame Methode, Vertrauen sowie Glauben zu stärken, da Affirmationen Ihnen helfen, an Wunder zu glauben, und Glauben öffnet die Tore für Heilung.

☙❧❦

Manchmal führt Raphael Menschen zu den am besten für sie geeigneten Heilern. In diesen Fällen liegt es an uns, seiner Führung und den diversen Hinweisen zu folgen, da der betreffende Heiler/Heilerin vielleicht die Fähigkeiten oder das richtige Werkzeug hat, um Blockierungen zu lösen, die unsere Gesundheit beeinträchtigen. Raphael führt Menschen sowohl zu schulmedizinisch ausgebildeten Ärzten als auch zu alternativen Heilern.

Carmen fühlte sich angeleitet, zu einem der Absolventen meines *Angel Practitioner Programms*® zu gehen, und das Ergebnis war eine tiefgreifende Heilung:

>>Ich hatte chronische Schmerzen in meinem Fuß und meiner rechten Hüfte, die mein Chiropraktiker auf meine Angewohnheit zurückführte, barfuß auf Kachelfußböden zu gehen. Senkfußeinlagen brachten ein wenig Erleichterung, bis ich während meiner zweiten Schwangerschaft massiv zunahm und die Schmerzen zurückkehrten.

Obwohl ich das überflüssige Gewicht bald wieder verlor und weiterhin Senkfußeinlagen benutzte, hatte ich nach wie vor Schmerzen. Eines Tages las ich einen Artikel über eine Angel-Therapeutin in unserer Stadt. Ich rief sie an und machte einen Termin mit ihr aus. Die Therapeutin fuhr während der Session mit ihrer Hand über mein Bein und meinen Fuß, während sie Erzengel Raphael für seine Heilung dankte. Sofort hörten meine Schmerzen auf, und bis heute, Monate später, habe ich keine Schmerzen mehr in meinem Fuß und nur ein leichtes Kribbeln in meiner Hüfte. Ich habe nicht den geringsten Zweifel, dass Erzengel Raphael diese Heilung zustande gebracht hat, und ich bin ihm jeden Tag dankbar dafür.«

Ich freue mich zu hören, dass Carmen ihre Heilung allein Erzengel Raphael zuschreibt. Wenn auch die Therapeutin seine Energie weiterleitete, wurde Carmen letzten Endes von Gott geheilt. Das ist etwas, das ich in meinen Seminaren immer betone, damit die *Angel-Practitioners* nicht in Versuchung geraten, als Resultat einer erfolgreichen Heilung ihr eigenes Ego aufzublasen. Alle Ehre gebührt immer und einzig und allein Gott. Wir nehmen nur den Verdienst in Anspruch, gute Zuhörer und eine offene Leitung für göttliche Heilungsenergie zu sein.

Göttliche Führung ist nicht immer hintergründig oder exotisch. Häufig hat sie mit Ratschlägen des gesunden Menschenverstandes zu tun, die dazu führen, dass Schmerzen weniger werden oder ganz aufhören, wie Gillian Smalley feststellte, als sie im Alter von 42 Jahren den Entschluss fasste, an Marathonläufen teilzunehmen.

Am Anfang trainierte Gillian für ihre Rennen, indem sie abwechselnd ging und rannte, bis sie allmählich in der Lage war, 10 Kilometer zu laufen. Doch eines Tages hatte sie während eines Rennens plötzlich schier unerträgliche Schmerzen in ihrer rechten Wade. Gillian wollte das Rennen nicht abbrechen, also verlangsamte sie ihr Tempo und bat Erzengel Raphael, ihr zu helfen, damit die Schmerzen aufhörten. Als sie die innere Botschaft hörte, sie solle gehen anstatt rennen, widersprach Gillian und sagte, dass sie gerade erst anfing, richtig gut zu laufen.

Während sie lief, hörte sie sich über ihren iPod Musik an, und während der nächsten zwei Songs fühlte sie sich erneut angeleitet, zu gehen anstatt zu laufen. Schließlich wissen wir alle, dass sich wahre göttliche Führung wiederholt! Also tat Gillian, wie ihr geheißen.

Nach dem zweiten Song legte sie erneut an Tempo zu und legte das 10 Kilometer-Rennen schließlich erfolgreich zurück. Wenn sie heute beim Laufen Schmerzen hat, bittet Gillian Erzengel Raphael sofort um seine Hilfe. Mit seiner Unterstützung ist sie mit großem Vergnügen sieben Marathons gelaufen und alle ohne Schmerzen!

In Gillians Fall fungierte Raphael als eine Art Lauf-Trainer. Ich selbst hatte ein ähnliches Erlebnis, als ich kürzlich an einem 6,2 Kilometer Triathlon-Rennen teilnahm. Als meine Wadenmuskeln zu brennen anfingen, bat ich Erzengel Raphael um Hilfe und war daraufhin in der Lage, das Rennen mühelos und ohne Schmerzen zurückzulegen.

Augenblickliche
wundersame Heilung

Wie wir soeben gesehen haben, heilt Erzengel Raphael zuweilen, indem er göttliche Führung in Form intuitiver Aufgaben und Instruktionen gibt. Zu anderen Zeiten jedoch geht Raphael direkt zu dem Körper des Betreffenden und heilt seine Schmerzen auf der Stelle. Warum heilt er nicht jeden sofort?

So wie ich es verstehe, ist die von Raphael gegebene Führung Teil des spirituellen Wachstums der betreffenden Person, oder es gehört zu ihrer Lebensaufgabe, mehr über spirituelle Heilung und Selbstfürsorge zu lernen.

Doch führen auch sofortige Heilungen zu spirituellem Wachstum, da sie den Glauben und das Vertrauen in die schützende Macht des Himmels stärken, wie Sandi Mallam nach einer Gehirnblutung und nachfolgenden Untersuchungen entdeckte, die einen Gehirntumor zeigten.

Während sie im Krankenhaus lag, bekam Sandi Migräneanfälle, die nach Aussagen der Ärzte auf die Gehirnblutung zurückzuführen waren.

Bei ihrer Entlassung aus dem Krankenhaus wurden Sandi Schmerzmittel verschrieben, und während der nächsten zwei Jahre wurde sie in einer Palliativklinik behandelt. Obwohl ihre Medikation fünfmal angepasst wurde und sie es darüber hinaus mit Akupunktur versuchte, hörten die Schmerzen nicht auf. Die Ärzte sagten, sie müsse lernen, damit zu leben.

Doch das wollte Sandi verständlicherweise nicht, also bat sie Erzengel Raphael, sie zu heilen. Sie ging nach draußen, um ein wenig frische Luft zu schnappen und dachte, das würde ihr vielleicht ein wenig helfen. Nach ungefähr 15 Minuten merkte sie, dass sie sich irgendwie ganz anders fühlte, konnte sich aber nicht erklären, wieso. Bis sie plötzlich feststellte, dass ihre Migräne verschwunden war!

Voller Freude rannte Sandi zurück ins Zimmer, um ihrem Mann zu sagen, dass die Schmerzen nach Jahren ständiger Qual plötzlich wie weggeblasen waren!

Sandi sagt: »Nach all diesen Jahren schmerzfrei zu sein, war tausendmal besser, als im Lotto zu gewinnen! Ich danke Raphael jeden Tag dafür, dass er meine Gebete an jenem Samstagmorgen erhört hat. Bis heute sind die Engel ein wichtiger Teil meines Lebens geblieben.«

Ich liebe es zu hören, wie Raphael so wie bei Sandi von einem Augenblick auf den anderen langanhaltende Beschwerden heilt. Stellen Sie sich vor, wie frei und erlöst sie sich gefühlt haben muss, nachdem sie jahrelang unter solch höllischen Schmerzen gelitten hatte. Die Engel halten den Schlüssel für ein schmerzfreies Leben in ihren Händen, doch müssen wir ihnen zuerst die Erlaubnis geben *und* das Tor unseres Herzens weit öffnen, damit sie ihre heilende Arbeit verrichten können.

Wahrscheinlich leitete Raphael Lukas Tobler an, etwas über seine heilenden Funktionen zu lesen, denn sobald Lukas Raphael entdeckt und ihn um Hilfe angerufen hatte, war der Heilungsengel in der Lage, ihm zu helfen. Und im gleichen Moment wurde Lukas seine langanhaltenden Beschwerden los.

Als Teenager war Lukas am rechten Handgelenk operiert worden, um ein schmerzhaftes Überbein zu entfernen. Die Operation verlief erfolgreich, abgesehen von einem verringerten Bewegungsradius seines Handgelenks.

Jahre später begann Lukas, mit den Engeln zu arbeiten, und er bat Erzengel Raphael, sein Handgelenk komplett zu heilen. Umgehend stellte Lukas verblüfft eine bemerkenswerte Verbesserung der Bewegungsfähigkeit seines rechten Handgelenks fest!

Lukas sagt: »Erfüllt von einem Gefühl der Ehrfurcht und Dankbarkeit, konnte ich gar nicht aufhören, mein Handgelenk begeistert in alle Richtungen zu drehen. Bis auf den heutigen Tag kann ich mein Handgelenk ohne die geringsten Schwierigkeiten drehen und bewegen.«

Raphael heilt jedoch nicht nur chronische Beschwerden von einem Moment auf den anderen, sondern auch Verletzungen, die erst kurze Zeit zurückliegen. Dandace Pruitt-Heckstall bekam plötzlich während einer Yoga-Klasse Schmerzen und erhielt umgehend Hilfe von Raphael. Einer der vielen Vorteile von Yoga besteht darin, unsere spirituelle Wahrnehmung zu intensivieren. Candace sah vor ihrem inneren Auge Raphaels heilende Behandlung:

»Mein Mann und ich machten intensive Yogaübungen, zu denen langanhaltende Dehnungen und entsprechendes Atmen gehörten. Wenn die Positionen nicht korrekt ausgeführt werden, kann es leicht passieren, dass man sich eine Muskelzerrung holt.

Wir waren gerade dabei, eine bestimmte Position einzunehmen, bei der unsere rechten Arme nach oben gestreckt sind, als ich merkte, wie meine rechte Schulter sich vor Schmerzen verkrampfte. Ich hatte mir diese Schulter zuvor schon einmal verletzt, doch dieses Mal war es besonders schmerzhaft. Innerlich rief ich aus: ›Raphael, bitte hilf mir!‹

Gleich darauf sah ich eine klare Vision, wie eine Person mit einer großen Nadel und einem smaragdgrünen Faden meine Schulter nähte.

Als nächstes sah ich, wie jemand einen kleinen Handstaubsauger nahm und den Schmerz einfach wegsaugte! Instinktiv wusste ich, dass es Erzengel Raphael war, der mich von meinem Schmerz heilte, und genauso war es!«

Allmähliche Heilung

Manchmal brauchen Raphaels Heilungen länger. Nachdem ich Hunderte von Raphael-Geschichten durchgegangen war, kam ich zu dem Schluss, dass es von Vorteil ist, solange um Hilfe zu bitten, bis sie eintritt. Wiederholte Gebete helfen, unseren Geist darauf vorzubereiten, Hilfe anzunehmen. Mit anderen Worten, Gebete sind Katalysatoren, die das Tor für Raphaels Heilung öffnen. Und in dem Augenblick, wo Sie bereit sind, seine Hilfe anzunehmen, wird sie kommen, wie Anne-Marie Saunders erfuhr.

Als Anne-Marie schwanger war, erlitt sie eine Hüftverletzung, die nicht heilen wollte und ihr täglich große Schmerzen bereitete. Die Ärzte gaben ihr Steroid-Spritzen, um die Schmerzen zu mindern, doch sie wurden nur noch schlimmer. Egal, ob sie stand, lag, saß oder ging, ständig hatte sie Schmerzen. Der Arzt sagte, ihr einziger Ausweg sei eine Operation, allerdings mit dem Risiko, dass ihre Hüftpfanne einen Knacks bekäme.

In ihrer Verzweiflung rief Anne-Marie Erzengel Raphael an mit der Bitte, sie zu heilen und eine Operation unnötig zu machen. Beinahe sofort spürte sie, wie sich die Energie im Raum veränderte, so als würde jede Zelle in ihrem Körper einen Moment lang den Atem anhalten. Sie hatte ein eigenartiges Gefühl um ihr Hüftgelenk herum, so als würden Millionen winziger Spinnen ein Netz darüber weben – anders konnte sie es nicht beschreiben. Das ging eine Weile so weiter, und irgendwann wurde sie vom Schlaf übermannt.

Am nächsten Tag merkte sie, dass die Schmerzen nachgelassen hatten. Sie rief weiterhin Raphael jeden Abend, wenn sie ins Bett ging, um Hilfe an. Manchmal fühlte sie, wie ihre Hüfte ganz heiß wurde, und manchmal spürte sie einen scharfen Schmerz und musste Raphael bitten, etwas langsamer vorzugehen. Zwei Monate lang bat Anne-Marie jeden Abend Raphael um Heilung, und jedes Mal waren die Schmerzen am nächsten Morgen erträglicher.

Schon nach zwei Wochen war sie wieder in der Lage, kurze Entfernungen mit dem Auto zurückzulegen. Nach ungefähr sechs Wochen stellte sie ihren Gehstock in die Ecke, denn sie brauchte ihn nicht mehr. Seither sind drei Monate vergangen; es geht ihr viel besser, und an vielen Tagen ist sie völlig schmerzfrei.

Geduld und tägliche Gebete haben Anne-Marie geheilt, genauso wie es den anderen Personen in den Geschichten dieses Kapitels geholfen hat, ihrer göttlichen Führung zu folgen.

Im nächsten Kapitel werden Sie mehr darüber lesen, wie Raphael heilt, indem er Menschen zu den richtigen Ärzten schickt. Der Schlüssel ist immer, um Hilfe zu bitten ohne Erwartungen bezüglich der Art und Weise, wie Ihre Heilung eintreten wird. Machen Sie sich bewusst, dass jedes Gebet um Heilung gehört und beantwortet wird und dass diese Antwort perfekt auf Sie und Ihre Bedürfnisse abgestimmt sein wird!

Drittes Kapitel

Raphael hilft Heilern

> *» Lieber Erzengel Raphael, danke, dass du mich zu
> dem besten Heiler für meine gesundheitlichen Pro-
> bleme führst. Danke, dass du den Weg für mich frei
> machst, um die bestmögliche Behandlung zu erhalten.
> Danke, dass du mich in jeder Hinsicht unterstützt,
> während ich jetzt wieder ganz gesund werde. «*

Raphaels Fokus ist auf die Gesundheit der Menschen gerichtet. Er ist ein unermüdlicher Heiler mit einem un-
begrenzten Vorrat an Heilungstechniken. Zudem unterstützt
Raphael alle Heiler und jeden, der den Beruf des Heilers an-
strebt.

Ob Sie bereits Heiler sind oder einer werden wollen: Sie
können sich entspannen in dem Wissen, dass Raphael Ihre
Karriere führen wird (vorausgesetzt, Sie bitten ihn um seine
Hilfe und folgen dann der Führung, die er Ihnen gibt). Raphael arbeitet am besten als Berater sowohl des Heilers als
auch des Patienten, indem er den Patienten zu dem am besten für ihn geeigneten Heiler oder Arzt schickt.

Raphaels
ärztlicher Überweisungs-Service

Als ob es nicht stressig genug ist, krank zu werden, haben Sie auch noch die schwierige Aufgabe, den besten Arzt zu finden – und bezahlen zu können. Wenn Sie aufgrund einer Krankheit mit den Nerven völlig am Ende sind, ist es schwierig, einen klaren Gedanken zu fassen, wenn es um die Wahl eines Arztes geht.

Zum Glück kann Erzengel Raphael Sie ohne Schwierigkeiten zu der bestmöglichen Behandlung führen, wenn Sie um seine Hilfe bitten, so wie Denise es getan hat.

Bei Denises Mann war eine ernste präkanzeröse Erkrankung der Speiseröhre diagnostiziert worden. Die Ärzte sagten, ihm bliebe keine andere Wahl, als sich einer Operation zu unterziehen, in deren Verlauf der größte Teil seiner Speiseröhre entfernt werden würde. Der Eingriff war nicht ungefährlich und musste von einem Chirurgen vorgenommen werden, der diese Art der Operation routinemäßig durchführte.

Ihr Arzt empfahl das nahe gelegene Boston für die Operation, bekannt für seine herausragenden medizinischen Einrichtungen. Jedoch gab er Denise und ihrem Mann keine spezifischen Empfehlungen, und sie fühlten sich allein gelassen, voller Angst und unsicher darüber, für welches Krankenhaus oder welchen Arzt sie sich entscheiden sollten. Sie hatten lediglich die Anweisung ihres Arztes, »jemanden zu finden, der mit diesem Eingriff so vertraut ist wie mit seinem morgendlichen Zähneputzen.« Also bat Denise Gott und Erzengel Raphael um Hilfe und Führung, als sie begann, im Internet nach Krankenhäusern in Boston zu suchen und nach Ärzten, die auf diese Operation spezialisiert waren.

Doch die vielen Namen von in Frage kommenden Ärzten und Chirurgen in verschiedenen Krankenhäusern verwirrten und verunsicherten sie. Sie hatte keine Ahnung, an wen sie sich wenden sollte, während sie sich die einzelnen Namen anschaute. Also bat sie Raphael weiterhin um Führung.

Plötzlich stach ihr der Name eines Chirurgen besonders ins Auge, weil er mir Vornamen Raphael hieß. Sofort wusste sie, dass dieser Arzt die Antwort auf ihre Gebete war. Sie klickte auf seinen Link, entdeckte, in welchem Krankenhaus in Boston er arbeitete sowie alle sonstigen Informationen zu seiner Person. Es gab sogar eine E-Mail-Adresse, um den Arzt persönlich mit Fragen zu kontaktieren! Zögernd schrieb sie ihm eine E-Mail und erklärte ihm die Situation. Innerhalb weniger Stunden erhielt sie eine Antwort von ihm, in der er sie um alle nötigen Informationen bezüglich ihres Mannes bat und einen sofortigen Termin für eine erste Untersuchung anbot.

Sie gingen zu diesem Chirurgen und stellten fest, dass er ein Pionier auf dem Gebiet dieser Operation war und einer der besten in den USA, um sie durchzuführen. Aus dem ganzen Land kamen Patienten zu ihm, um diesen schwierigen Eingriff vornehmen zu lassen. Darüber hinaus deckte ihre Versicherung die Kosten der Operation, was schon ein Wunder für sich war.

Doch damit ist die Geschichte noch nicht zu Ende. Als der Tag der Operation näher kam, wuchs ihre Besorgnis, und sie bekamen es mit der Angst zu tun. Schließlich handelte es sich um eine riskante Operation.

Als Denise und ihr Mann sich am Tag vor der Operation ins Auto setzten und nach Boston fahren wollten, erreichten ihre Ängste den Höhepunkt. Sie waren noch nicht lange unterwegs, als sich bei Denise die Angst zu einer totalen Panik auswuchs, die sie beinahe gelähmt vor Angst zurückließ.

Verzweifelt flehte sie Erzengel Raphael aus tiefster Seele um Hilfe an und bat ihn um ein Zeichen, dass die Operation gut verlaufen würde.

Kaum hatte sie um seine Hilfe gebeten, als sich ein Wagen aus der Nebenspur vor ihnen einfädelte. Zu Denises totaler Verblüffung und absoluten Freude hatte das Auto ein Nummernschild mit der Aufschrift: »RAPHAEL«.

In derselben Sekunde wusste Denise, dass – unabhängig von dem, was als Nächstes passieren würde – letztendlich alles gut wird. Sie wusste, dass Erzengel Raphael bei ihnen war und sie den richtigen Arzt gewählt hatten. Ihre Panik verschwand, und Denise wurde von einem überwältigenden Gefühl der Ruhe und des Friedens erfüllt, während ihr Tränen der Dankbarkeit übers Gesicht liefen.

Sieben Jahre später geht es ihrem Mann nach wie vor ausgezeichnet, und die beiden besuchen immer noch jedes Jahr diesen wunderbaren Arzt, zu dem Erzengel Raphael sie geschickt hatte.

∽∽∽

Denise bemerkte und vertraute den Zeichen von oben, die sie zu Raphaels handverlesenem Arzt führten. Dazu ist Glauben und Vertrauen notwendig, denn man ist schnell versucht, solche Zeichen als reinen Zufall abzutun. Die Engel können nur *soviel* tun, wenn sie uns Führung zukommen lassen. Wir können die Engel jedoch auf halbem Weg treffen, indem wir dafür sorgen, dass unser Geist und unser Herz offen sind und wir den Zeichen folgen, die sie uns geben.

Doch Raphael kann Sie nicht nur zu dem richtigen Arzt führen, sondern er kann Ihnen auch zu einem Termin in dem eigentlich vollen Sprechstundenkalender eines Arztes verhelfen, wie Amber es erlebt hat.

Vor einem Jahr stellte Amber fest, dass ihr einjähriger Sohn einen geschwollenen Lymphknoten hatte. Also rief sie bei ihrem Kinderarzt an, nur um zu erfahren, dass es keinen freien Termin gab und sie besser in eine der ambulanten Kliniken gehen sollte, wo man keinen Termin brauchte.

Doch der Gedanke, ein Problem wie dieses in einer ambulanten Klinik behandeln zu lassen, gefiel ihr nicht, und ihr Instinkt sagte ihr, sie solle einfach ohne Termin zu dem Kinderarzt gehen. Auf dem Weg dorthin bat Amber Erzengel Raphael, ihren Sohn zu heilen und dafür zu sorgen, dass er die Art von Behandlung erfährt, die er braucht.

In der Praxis des Arztes angekommen, bat Amber, der Arzt möge ihren Sohn untersuchen, und die Sprechstundenhilfe forderte sie auf, einen Moment Platz zu nehmen. Dann rief der Arzt sie herein, untersuchte ihren Sohn und empfahl ihr einen Spezialisten, der wunderbar mit ihrem Sohn umging und der Top-Spezialist in seinem Metier war.

Es stellte sich heraus, dass Ambers Sohn eine Staphylokokken-Infektion gehabt hatte, die sich in diesem einen

Lymphknoten festgesetzt hatte, anstatt sich im ganzen Körper auszubreiten. Es gelang dem Arzt, die Infektion aus dem Knoten abzuleiten. Nach der Einnahme diverser Antibiotika klang die Entzündung ab, und Mutter und Sohn konnten die Klinik verlassen.

Amber ist davon überzeugt, dass der Zustand ihres Sohnes sich sehr verschlechtert hätte, wenn sie nicht den Botschaften gefolgt wäre, die Erzengel Raphael geschickt hatte.

Amber sagt: »Ich danke Erzengel Raphael, dass er mich zu den richtigen Ärzten geführt hat. Ich glaube, dass sich die Entzündung Dank seiner Hilfe nicht ausgebreitet hat und er die Ärzte anleitete, die richtige Behandlung vorzunehmen. Ich bin Raphael für all seine Hilfe zutiefst dankbar.«

Raphaels ärztlicher Empfehlungs-Service hilft Patienten und sorgt außerdem dafür, dass qualifizierte Heiler gutgehende und erfolgreiche Praxen haben. Raphael weiß, welche Heiler die besten Intentionen, ein Talent zum Heilen und exzellente Fähigkeiten haben, und der Erzengel freut sich, ihnen jede Menge Patienten zu schicken.

Doch Raphael empfiehlt nicht nur schulmedizinisch ausgebildete Ärzte, sondern schickt Klienten zu allen Arten von Heilern mit den unterschiedlichsten Behandlungsmethoden.

Krankenschwestern, die mit Hilfe von Erzengel Raphael heilen

Hingebungsvolle Krankenschwestern sind wahrhafte Erdenengel. Sie geben viel von sich selbst, oft für ein geringes Gehalt, machen ständig Überstunden und erhalten wenig Anerkennung. Da die Krankenhäuser aus Kostengründen immer mehr Pflegepersonal entlassen, machen viele Schwestern Doppelschichten und gefährden dadurch zuweilen ihre eigene Gesundheit.

Das ist der Grund, warum es doppelt wichtig für Krankenschwestern ist, sich mit der heilenden Unterstützung von Erzengel Raphael vertraut zu machen. Nicht nur die Krankenschwestern profitieren von der Präsenz und Führung Raphaels, auch die Patienten kommen so in den Genuss der erstaunlichen Fähigkeiten des Erzengels.

Theresa Dettinger, eine Krankenschwester, die sich mit Energieheilung beschäftigt, sagt, dass sie bei jeder Heilungssession sieht und fühlt, wie Erzengel Raphael hinter ihr steht.

»Ich kann Raphael sehen und fühlen, wie er mich mit seinen Armen und Flügeln einhüllt«, erklärt Theresa. »Er lässt heilende Energie in und durch mich fließen. Vor meinem inneren Auge sehe ich diese Energie als das herrlichste, smaragdgrüne Licht, ähnlich dem Leuchten der Emerald City in dem Film *The Wizard of Oz*. Ich sehe, wie dieses Leuchten aus meinen Händen und in den Körper meines Klienten strömt. Es ist ein wunderbar warmes und beruhigendes Gefühl, und ich bin Raphael sehr dankbar für seine Liebe und Unterstützung.«

Eine andere Krankenschwester namens Karen Bishop ist Erzengel Raphael dankbar, dass er ihre Arbeit während der letzten 25 Jahre geführt hat.

In der Intensivstation, wo Karen arbeitet, wendet sie sich an Raphael, wenn sie zum Beispiel keine Vene finden kann, der Patient nicht reagiert oder es Probleme mit den Monitoren oder den technischen Instrumenten gibt. Darüber hinaus hilft Raphael ihr, mit verzweifelten Familienmitgliedern umzugehen, wenn Karen den medizinischen Zustand eines Angehörigen erklärt, sowie bei den zum Teil angespannten Interaktionen mit dem anderen Pflegepersonal.

Karen sagt: »Ohne Ausnahme hat Raphael mir bei jeder einzelnen dieser Situationen zuverlässig geholfen. Jeder sollte über Erzengel Raphael Bescheid wissen, der immer zu Hilfe kommt, wenn er darum gebeten wird. Ich hätte nicht die Krankenschwester sein können, die ich war, ohne seine Unterstützung.«

Auch Krankenschwester Carmen Carignan betrachtet Erzengel Raphael als wichtiges Mitglied ihres Pflegeteams. Carmen vertraut Raphael total und verlässt sich auf die Führung, die sie von ihm empfängt. Sie sagt: »Ich höre seine liebevolle, sanfte und zugleich entschlossene Führung. Wenn ich ihn ignoriere, wird seine Führung lauter, beinahe wie ein inneres Gezeter, bis ich hinhöre und seinen Instruktionen folge.«

Carmen erinnert sich an eine Situation, in der eine junge schwangere Frau, der es offensichtlich sehr schlecht ging, in ihr Krankenhaus eingeliefert wurde. Sie klagte über starke Schmerzen auf einer Seite ihres Rückens und musste sich übergeben.

Da die Frau dehydriert war, versuchte Carmen, ihr einen intravenösen Schlauch zu legen, konnte jedoch keine Vene finden. Auch einer zweiten Krankenschwester gelang es nach zwei weiteren Versuchen nicht, den Schlauch zu legen.

Carmen sagt: »Das war der Moment, wo ich Erzengel Raphael anrief, um mir bei dieser Situation zu helfen. Beinahe sofort wusste ich, wo ich den IV-Schlauch legen musste. Ich fragte die Patientin, ob sie an Engel glaubte, was sie mit einem deutlichen ›Ja!‹ beantwortete. Ich erklärte ihr, dass ich soeben Hilfe von Erzengel Raphael erhielt.

Als ich weitermachte, konnte ich die Vene weder sehen noch fühlen, doch mir war, als würde jemand anderes meine Hände führen. Ich vertraute dem und ließ mich darauf ein. Selten habe ich einen IV-Schlauch leichter und schmerzloser legen können als in diesem Fall. Die junge Frau und ich waren verblüfft und dankbar für das Ergebnis.«

Pflegepersonal und Ärzte
arbeiten mit Raphael

Es ist in so vieler Hinsicht eine neue Welt, in der wir leben! Ich bin in einer Familie aufgewachsen, die spirituelle Heilmethoden anwandte (wie zum Beispiel Beten, Visualisierung und Affirmationen), um unsere Körper, Emotionen, Finanzen, Beziehungen und sogar unser Auto und unsere Waschmaschine zu heilen.

Zugegeben, unsere Methoden wurden von denen, die darüber Bescheid wussten, als eigenartig und ungewöhnlich betrachtet. Also redeten wir nicht über unsere Gebetsarbeit, außer mit unseren Freunden aus der Gemeinde.

Heute ist spirituelle Heilung nicht nur allgemein anerkannt, sondern sie wird auch öffentlich gelehrt und studiert! Für mich ist das ein Wunder. Es ist noch gar nicht so lange her, da war die medizinische Verbindung von Körper und Seele ein höchst umstrittenes Konzept.

Als ich 1978 mit Charles schwanger war, rollte mein Arzt tatsächlich mit den Augen und kicherte, als ich darüber klagte, dass Stress sich negativ auf meine Schwangerschaft auswirkte. Er konnte die Verbindung zwischen Stress und physischer Gesundheit nicht sehen. Heute fragen Ärzte ihre Patienten routinemäßig nach Stressfaktoren, die mit ihrer Krankheit zu tun haben könnten.

Auf meinen *Angel*-Seminaren treffe ich regelmäßig Personen, die im Bereich Medizin tätig sind und in schulmedizinischen Einrichtungen arbeiten. Was mich am meisten beeindruckt, ist ihre Offenheit und Bereitschaft, Neues zu lernen.

Es ist ihnen sehr wichtig, Heilungsgeheimnisse aufzudecken, weil ihnen die Gesundheit ihrer Patienten am Herzen liegt – auch wenn das bedeutet, alternative Methoden anzuwenden. Die Zahl der kontrollierten Studien bezüglich der heilenden Wirkung von Gebeten nimmt täglich zu, und die Studien sind beeindruckend! Wissenschaftler haben schon lange den Placebo-Effekt als die Ursache der heilenden Wirkung von Gebeten ausgeschlossen (nachdem es sich erwiesen hat, dass Gebete Pflanzen, Tiere und Säuglinge heilen können.)

Die meisten von mir befragten Personen sagen, sie würden es begrüßen, wenn ihr Arzt für sie betet. Daher ist es ermutigend zu sehen, dass Medizinstudenten heute in Sachen Spiritualität unterrichtet werden und Ärzte wie zum Beispiel Dr. Sanja Perko Spiritualität in ihre Heilungsarbeit einbringen.

Dr. Perko begegnete Erzengel Raphael zum ersten Mal während einer geführten Meditation in einer kleinen Gruppe. Als der Meditationsleiter Raphael vorstellte, empfand Dr. Perko eine angenehme Wärme und ein kribbelndes Gefühl. Dann sah sie wunderschöne grüne und silberfarbene Säulen aus Licht, die sie veranlassten, den Kopf in den Nacken zu legen und nach oben zu blicken. Sie hatte das Gefühl, als würde sie in der Luft schweben, herausgehoben aus ihrem Körper.

Dr. Perko erinnert sich: »Plötzlich hatte ich einen klaren Gedanken: ›Du bist eine Heilerin. Raphael wird dir helfen.‹ Zunächst war ich sehr überrascht, und nachdem ich eine Zeit lang über dieses Erlebnis nachgedacht hatte, spürte ich, dass mein ganzes Leben ein großes Puzzle – und dieser wundervolle Gedanke der letzte Teil des Bildes war.«

Durch Raphaels Präsenz und Botschaft wurde Dr. Perko klar, warum sie nach Abschluss ihres Studiums keine Stelle hatte finden können; warum sie nicht in der Lage war, so wie ihr Vater und ihre Schwester von neun bis fünf in einem Büro zu arbeiten; warum sie so interessiert war an Kräutermedizin und Aromatherapie; und warum sie immer das Gefühl hatte, dass es noch etwas anderes geben musste, das sie finden und lernen wollte.

Dr. Perko sagt:»Ich bin Erzengel Raphael sehr dankbar für seine Hilfe und Führung. Seit jenem Tag danke ich meinen Engeln immer wieder für ihre Liebe und ihren Schutz. Wenn meine Kinder krank sind, behandle ich sie mit Kräuterheilmitteln und ätherischen Ölen. Und natürlich bitte ich stets Raphael, mir zu helfen und sie zu heilen, was er jedes Mal auch tut.«

In Dr. Perkos Fall hat die Erfahrung der Arbeit mit Raphael ihr Wissen und ihren Respekt für die heilende Kraft des Erzengels geweckt.

In ähnlicher Weise zeigt die folgende Geschichte, wie das spürbare Gefühl der Energie, die Raphael ausstrahlt, Dr. Diego E. Berman neues Vertrauen geschenkt hat.

Dr. Berman arbeitet am angesehenen Columbia University Medical Center und gibt offen sein Interesse an der Erforschung alternativer Heilmethoden zu. Für Dr. Berman ist es Teil der Aufgabe eines Wissenschaftlers, jeden Aspekt von Heilung zu erforschen für den Fall, dass er etwas enthält, was Patienten helfen könnte. Dr. Berman erklärt:»Als Wissenschaftler, der daran interessiert ist, die Lebensqualität der

Menschen zu verbessern, untersuche ich sowohl körperliche als auch emotionale und spirituelle Heilmethoden.«

Doch obwohl er diesen alternativen Methoden offen gegenübersteht, wurden seine Glaubenssätze auf eine Probe gestellt, als eine Freundin ihm ein »Angel Reading« anbot. Das Konzept eines Gespräches mit Engeln überstieg sein strukturiertes, wissenschaftlich orientiertes Glaubenssystem.

»Wie auch immer,« erinnert er sich, »schon im ersten Augenblick, als meine Freundin das Angel Reading machte, fand eine bemerkenswerte Veränderung in meinem Inneren statt. Ich konnte die Energie der Engel um uns herum spüren. Ich war total verblüfft, so erhebend empfand ich diese Erfahrung, und ich merkte, dass irgendetwas in meiner Seele von diesen himmlischen Wesen berührt worden war.«

Das Angel Reading öffnete ein spirituelles Tor für Dr. Berman. Er hatte Kontakt mit den Engeln aufgenommen! Als er in der darauffolgenden Woche eine Heilungssession durchführte, hörte er eine tiefe, beruhigende männliche Stimme, die ihn anleitete, Energie zu den verschiedenen Teilen des Körpers seines Patienten zu senden.

Dr. Berman erinnert sich an diesen Moment: »Während ich versuchte, die Herkunft jener Stimme mit meinem intellektuellen Verstand zu verstehen, sah ich eine Wolke farbiger, intensiver Energie von links zu mir hinüber schweben. Dann hörte ich die folgenden Worte: ›Ich bin Raphael, und ich bin hier, um dir zu helfen und deine Heilungsfähigkeiten zu verbessern.‹

Während diese Worte gesagt wurden, floss ein dünner Faden von Energie aus jener Wolke heraus und mischte sich mit meinem eigenen Energiefeld um meine Hände herum.

Ich fühlte, dass die Intensität der Energie, die ich dem Patienten sandte, stärker geworden war.

Als Nächstes zeigte Raphael mir, wie ich die Heilung vornehmen sollte, und seither ist er bei jeder Heilung zugegen. Seine Gegenwart ist äußerst tröstend, beruhigend und professionell. Ich rufe ihn an um Rat in allen Situationen, die mit Heilung zu tun haben, und er ist stets zur Stelle, um die beste Methode für eine Beschleunigung des Heilungsprozesses vorzuschlagen.«

Sind Sie nicht auch dankbar für die Tatsache, dass wir in einer Zeit leben, in der Ärzte und Mediziner es sich erlauben, an Engel und spirituelle Heilung zu glauben und in aller Öffentlichkeit zu diesen Überzeugungen zu stehen?

Natürlich hat Erzengel Raphael seine eigene Methode, Skeptiker in Glaubende zu verwandeln, wie Dr. Johanna Vandenberg entdeckte:

Dr. Vandenberg arbeitet als Ärztin für Geriatrie und als Angel Therapeutin in New York City, wo sie spirituelle Heilungssessions leitet. Sie erinnert sich, wie sie einmal mit einem Skeptiker gearbeitet hat, der sich von Erzengel Raphaels Existenz überzeugen ließ, als er das für den Engel charakteristische grüne Licht sah:

> »Ein Mann kam für eine Heilungssession in meine Praxis in New York City. Ich fing mit meiner üblichen Frage an: ›Was kann ich für Sie tun?‹

Er kreuzte seine Arme vor der Brust und erwiderte mit lauter Stimme: ›Das möchte ich gerne von Ihnen wissen!‹, wobei er mich herausfordernd anfunkelte.

Also seufzte ich und bat innerlich: ›Erzengel Raphael, bitte hilf mir mit diesem Mann.‹

Plötzlich sprang der Mann auf und setzte sich dann mit geradem Rücken aufrecht wieder hin, die Augen weit geöffnet. Auch ich sprang auf, weil er mich erschreckt hatte.

Als ich ihn fragte, was los war, antwortete der Mann zögernd: ›Da ist ein grünes Licht zwischen uns, genau vor Ihnen!‹ Ich beruhigte ihn und sagte, dies sei ein Zeichen, dass Erzengel Raphael gekommen war, um uns zu helfen.

Er sagte nichts mehr, also fragte ich ihn, ob das für ihn okay sei. ›Es ist immer noch da,‹ erwiderte er nur. Als mein Klient nach einiger Zeit ging, waren seine Wut und seine Defensivität weg. Er kam mehrere Male für Sessions zurück, um mehr über Engel und Feen zu erfahren. Und heute ist er ein glücklicher, gesunder und erfolgreicher Mann, der andere Menschen alles über Engel lehrt, vor allem über Erzengel Raphael!«

❧❧❧

Auch wenn ihre Familie oder Freunde Hilfe brauchen, arbeitet Dr. Vandenberg mit Erzengel Raphael zusammen.

Als der Vater ihres Patenjungen einen Asthma-Anfall erlitt und seit fast einer Woche an ein Atemgerät angeschlossen war, ging sie ins Krankenhaus, um ihn zu sehen. Sein Gesicht war ganz grau, und er war kaum bei Bewusstsein.

Also setzte sich Dr. Vandenberg an sein Bett und bat Erzengel Raphael um Hilfe.

Telepathisch sagte sie zu dem Mann: »Ich werde die Engel bitten, dir zu helfen, doch zuerst muss ich fragen, ob du leben willst?« Ihrem Verständnis nach sollte man niemanden zwingen, hier zu bleiben, der nicht hier bleiben will.

Eine Zeit lang hörte sie nichts, weil er so fest schlief. Doch dann vernahm sie eine schwache Stimme, und telepathisch flüsterte er: »Ja.«

Als Nächstes bat sie Raphael, das Zimmer von negativen Energien zu reinigen. Mit Raphaels Führung sandte Dr. Vandenberg Energie und Licht überall dahin, wohin sie sich geführt fühlte, um die Blockade zu beseitigen, die es dem Kranken unmöglich machte, ohne fremde Hilfe zu atmen.

Sie erinnert sich: »Einige Stunden später rief seine Frau an und sagte, dass – nachdem ich gegangen war – allmählich die Farbe in sein Gesicht zurückkam und das Atemgerät noch in derselben Nacht abgeschaltet werden konnte!

Das Ganze geschah 2006, und bis heute ist er ein starker und gesunder Mann und Vater, der mehrere Kinder großzieht und mittlerweile als Homöopath tätig ist! Er erinnert sich nicht an jene Stunden, doch seine Frau war mir sehr dankbar, wobei ich weiß, dass die Ehre einzig und allein Raphael und den Engeln gebührt.«

Andere Heiler, die mit Erzengel Raphael arbeiten

Seit 1995, als ich mit meinen Engelseminaren begann, haben viele Psychotherapeuten meine *Angel Therapy*-Kurse absolviert. Die meisten Therapeuten sind vorurteilsfreie Heiler mit einem offenen Herzen, empfindsam für emotionale und physische Gefühle. Sie können die Präsenz der Engel und intuitive Botschaften spüren, vielleicht weil sie gelernt haben, sich auf die Gefühle ihrer Patienten einzustimmen.

Außerdem habe ich mit einer Anzahl von Psychotherapeuten gearbeitet, die bei seelischen Erkrankungen traditionelle und alternative Behandlungsmethoden verbinden, zum Segen für alle Beteiligten. Heiler, die eng mit Engeln zusammenarbeiten, wie zum Beispiel die Psychotherapeutin Kristy M. Ayala, haben die Erfahrung gemacht, dass der Himmel ihre Arbeit in jeder Hinsicht führt.

Als Kristy der traditionellen Psychologie müde wurde, fühlte sie sich bereit für eine neue Betätigung, wenn sie auch nicht sicher war, was das sein könnte. Also verbrachte sie viel Zeit mit Gebeten und Meditation, bis sie sich angeleitet fühlte, als spirituelle Beraterin und Heilerin zu arbeiten.

Kristy wollte sofort damit beginnen, wusste jedoch nicht genau, wie sie am besten vorgehen sollte.

Also bat sie Erzengel Raphael um Führung und um die Ressourcen, die erforderlich waren, um diese Arbeit zu einer Vollzeitbeschäftigung zu machen. Sie bat um Unterstützung bezüglich zusätzlicher Ausbildung, die sie brauchen würde, und um Hilfe, damit sie sich ohne Probleme auf diesen neuen Weg begeben konnte.

Kristy sagt: »Erzengel Raphael hat ständig interveniert und mir die richtigen Personen, finanziellen Mittel und Gelegenheiten gebracht, um meine weitere Ausbildung zu ermöglichen. Außerdem gab er mir die emotionale, spirituelle und physische Hilfe, um die ich ihn gebeten hatte.

Darüber hinaus hat Erzengel Raphael Heilungen an mir vorgenommen, damit ich Probleme und Blockierungen loslassen konnte, die mir nicht länger dienten, was mir wiederum erlaubte, meinen Weg noch ungehinderter fortsetzen zu können.

Zudem hat Erzengel Raphael mir Klienten zugeführt, die perfekt zu mir passen, und er hat mir geholfen, diesen Klienten Rat und Hilfe zu geben. Erzengel Raphael ist für mich ein wahres Geschenk des Himmels gewesen, der mir erlaubt hat, meine Gaben weiterzuentwickeln, damit ich meine göttliche Aufgabe in diesem Leben erfüllen kann.«

Viele Bodyworker und Physiotherapeuten erwähnen häufig, dass sie mit den Schutzengeln ihrer Klienten zusammenarbeiten. Diese Heiler erinnern mich an Piloten und Astronauten, die unsicher sind, ob sie öffentlich über die UFOs reden sollten, die sie gesehen haben.

Doch wenn sie den Körper eines anderen Menschen berühren, berühren sie gleichzeitig sein Energiefeld, etwas, das Instrumente wie zum Beispiel Computertomographen wissenschaftlich messen können. Ist es daher verwunderlich, dass Bodyworker mit der Energie der Engel in Berührung kommen, die neben ihren Klienten stehen, wie es die Heilerin Mary erfahren hat?

Mary saß neben einer Klientin, die auf ihrem Massagetisch lag. Ihre Hände hatte sie zu beiden Seiten der Schläfen ihrer Klientin platziert, als sie plötzlich in ihrem rechten Ohr eine dröhnende Stimme hörte, die sagte: »Raphael!« Und gleich darauf noch einmal.

Mary hatte zwar keine Angst, erschrak jedoch ob der lauten Stimme. Im nächsten Moment fühlte sie die Energie dieses Engels in ihrem Körper und im ganzen Raum. Es erübrigt sich zu erwähnen, dass die Behandlung sehr machtvoll und emotional war.

Nach der Session nahm Mary all ihren Mut zusammen und erzählte ihrer Klientin, was passiert war. Mary hoffte, dass die junge Frau aufgeschlossen war und nicht denken würde, Mary sei verrückt.

Als Mary ihr von dem Erlebnis erzählte, saß die Frau wie erstarrt da, blass und ausdruckslos. Mary verlor allen Mut, und sie fürchtete, ihre Klientin würde aufspringen und auf Nimmerwiedersehen davoneilen.

Doch stattdessen sagte die Klientin mit ruhiger Stimme: »Er ist gekommen, weil ich ihn darum gebeten habe.« Dann erklärte sie Mary, wie sie seit Tagen Erzengel Raphael gebeten hatte, ihr zu helfen. Marys Erlebnis war für sie ein Zeichen, dass er ihre Gebete erhört hatte. Es gab keinen Zweifel daran, dass der Erzengel anwesend war. Seine Energie im Raum war deutlich spürbar.

Seit jenem Tag arbeitet Mary mit Erzengel Raphael und Erzengel Michael. Jedes Mal, wenn sie die Engel bittet, ihr zu assistieren, kann sie ihre Energie im Raum spüren.

Mary weiß, dass Raphael an jenem Tag erschienen war, um ihrer Klientin zu helfen und sie zu beruhigen; doch gleichzeitig ist sie überzeugt, dass er auch gekommen ist, um sich als jemand vorzustellen, der von großer Hilfe sein kann. Mary fühlt sich gesegnet, diese Erfahrung gemacht zu haben.

Marys Geschichte gleicht in vieler Hinsicht anderen Berichten, die ich von Massagetherapeuten und Bodyworkern gehört habe, die bei der Arbeit mit ihren Klienten Begegnungen mit Engeln hatten.

Und umgekehrt ist es genauso: Klienten, die während ihrer Heilungssession Beweise von Raphaels Gegenwart fühlen und sehen, sind anschließend meistens von der Existenz des Erzengels überzeugt.

Zum Beispiel bittet eine Reflexologin, die als Karen G. identifiziert werden möchte, jedes Mal Erzengel Raphael, heilende Energie durch ihre Hände und in die Körper ihrer Klienten zu senden.

Karen sagt: »Einige meiner Klienten haben von einem grünen Licht gesprochen, das vor einer Fußreflexsession aus meinen Händen strahlt. Andere haben erwähnt, dass sie während unserer Session gesehen haben, wie ein heilender Energieball auf sie zukam und dass diese Energie dafür sorgte, dass sie sich besser fühlten.«

Heutzutage beschäftigen viele Krankenhäuser auch Energie-heiler, wie zum Beispiel Tae Takiguchi Basta. Tae erinnert sich, wie sie mit einem Patienten arbeitete, der sehr starke Schmerzen in seinem Fuß hatte. Vor ihrem inneren Auge sah Tae Erzengel Raphael, wie er das Herz des Patienten be-rührte und seine heilende Energie sandte. Während dieser Session berührte Tae ihren Patienten kein einziges Mal.

Anschließend erzählte der Mann Tae, dass er gespürt hatte, wie jemand seinen Körper berührte. Doch jedes Mal, wenn er seine Augen öffnete, war niemand da außer Tae, die in einiger Entfernung ihm gegenüber saß. Tae sagte ihm nicht, dass es Erzengel Raphael gewesen war. Nach der Ses-sion war der Patient geheilt und frei von Schmerzen.

Raphael hilft Heilern

Zu Erzengel Raphaels Aufgaben gehört, dass er Heilern, Ärz-ten und allen anderen Menschen hilft, die im Gesundheits-wesen tätig sind. Raphael tut sich mit Heilern zusammen in dem Bemühen, der Menschheit größeres Wohlergehen zu bringen. Wenn Ihr Herz sich zu den Heilkünsten und Wis-senschaften hingezogen fühlt, sind Sie gut beraten, auf jedem Schritt Ihres Weges eng mit Erzengel Raphael zusammen-zuarbeiten.

Hier ist ein wunderschönes *Gebet*, sollten Sie mit dem Ge-danken spielen, eine Karriere im Bereich Gesundheit anzu-streben:

» *Lieber Erzengel Raphael, danke, dass du meine Heilarbeit auf jeder Stufe führst. Ich bitte dich um deine klare Führung bei der Auswahl der Heilungsmethoden, die ich lernen sollte; um Hilfe bei meinem Studium dieser Methoden; und um persönliche Hilfe, damit ich mich den höchsten Ebenen meiner von Gott verliehenen Heilungsfähigkeiten öffnen kann. Bitte hilf mir, meinen Geist, meine Emotionen und mein Herz ohne Einschränkungen der göttlichen Heilenergie zu öffnen, und erlaube mir, ein perfektes Medium für Heilung auf allen Ebenen zu sein.* «

Wenn Sie bereits als Arzt oder Heiler tätig sind, können Sie dieses *Gebet* sagen, um Erzengel Raphael in Ihre Arbeit einzuladen:

» *Lieber Erzengel Raphael, danke, dass du mir einen wundervollen Heilberuf ermöglicht und mich klar zu den besten Gelegenheiten und Situationen geführt hast, um als Heiler zu dienen. Danke, dass du mich in jeder Hinsicht unterstützt und mir wundervolle Klienten und Projekte schickst. Ich bin jetzt voll erwacht; ich öffne meine gottgegebenen Heilungs-Kanäle und erlaube Gottes herrlichem Heilungslicht, durch mich hindurchzuströmen.* «

Erzengel Raphael unterstützt alle im Gesundheitswesen tätigen Personen in vielfacher Hinsicht, wobei er Ihnen unter anderem hilft:

❈ Bestimmte Heilmethoden zu finden, indem er zum Beispiel Bücher aus einem Regal fallen lässt, in denen es um Heilung geht.

❈ Die richtige Schule oder die richtige Ausbildung für Sie zu finden.

❈ Ihre Ausbildung oder Ihr Studium zu finanzieren, u. a. indem er hilft, die dafür nötige Zeit sowie Transport, Babysitter etc. zu finden.

❈ Eine eigene Praxis zu eröffnen oder eine Anstellung in einem wundervollen Heilungszentrum zu finden.

❈ Klienten und Patienten zu finden und dafür zu sorgen, dass Sie für Ihre Arbeit bezahlt werden.

❈ Ihre Heilungsarbeit optimal vorzunehmen, zum Beispiel indem er Ihnen während der Arbeit mit dem Patienten Anweisungen gibt.

❈ Projekte zu finden, die mit Heilung zu tun haben, wie beispielsweise Lehrgelegenheiten, Ideen bezüglich Artikeln oder Büchern zum Thema Heilung und ehrenamtliche Arbeit als Heiler.

Wenn Sie bei irgendeinem der oben aufgeführten Aspekte Ihres Heilberufes Hilfe brauchen, sollten Sie es nicht versäumen, Erzengel Raphael um Unterstützung zu bitten.

Vergessen Sie nicht, er kann Ihren freien Willen nicht ausschalten und muss auf Ihre ausdrückliche Erlaubnis warten, bevor er Ihnen helfen kann. Die Worte, die Sie benutzen, um diese Hilfe zu erbitten, sind nicht entscheidend – entscheidend ist, *dass* Sie ihn darum bitten. Raphael braucht nichts weiter als Ihre aufrichtig gemeinte Bitte, und schon tritt er in Aktion.

Sobald Sie ihn um seine Hilfe gebeten haben, wird Raphael auf die gleiche Weise tätig werden, die er bei Heilungen anwendet.

Mit anderen Worten, Raphael wird Ihnen entweder göttliche Führung in Form von Ideen bezüglich Ihrer Heilarbeit geben; direkt und sofort eingreifen; oder nach und nach intervenieren.

Raphael wird Ihnen auf die Weise helfen, die am besten zu Ihrer Situation und Lebensaufgabe passt. Vertrauen Sie diesem machtvollen Erzengel, er wird Ihre Heilarbeit in jeder Hinsicht unterstützen.

Erzengel Raphael hilft jedem, der Heilung vornehmen will

Bitte ziehen Sie aus diesem Kapitel nicht den Schluss, dass nur ausgebildete Ärzte oder Heiler Erfolg haben, wenn sie Erzengel Raphael bitten, andere zu heilen. Raphael kommt zu jedem, der den ernsthaften Wunsch hat, einem anderen Menschen (oder Tier) Heilung zu verschaffen.

Sophia Fairchild fuhr mit einer Reisegruppe durch den Westen Irlands, als sie zum ersten Mal die volle Macht von Erzengel Raphaels Heilungsfähigkeiten spürte. Es war in einer Gegend, *The Burren* genannt, einem 100 Quadratmeilen großen Plateau von Kalksteinfelsen, das an die Oberfläche des Mondes erinnert. In dieser mystischen Landschaft befinden sich Tausende keltische Kreuze, jahrhundertealte Festungen und Hünengräber. Obgleich die Oberfläche aussieht, als sei sie glatt und eben, ist *The Burren* übersät mit gefährlichen Schlaglöchern.

Ein kalter Wind heulte über die offene Ebene, daher kehrte der größte Teil der Gruppe in die Herberge zurück. Nur drei Personen blieben in *The Burren*: ein Ehepaar und Sophia. Plötzlich sah Sophia entsetzt, wie der Mann ausrutschte und in eines der tiefen Schlaglöcher fiel. Sophia erinnert sich, was als Nächstes passierte:

»Er lag unbeweglich da und hatte offensichtlich große Schmerzen. Rufe um Hilfe verhallten un-

95

gehört, da der brausende Wind jeden Laut verschluckte. Der Mann begann zu stöhnen und zeigte Anzeichen von Schock. Wir waren völlig allein in einer leeren Landschaft, und niemand war da, der uns hätte helfen können. Während seine Frau über das Plateau in Richtung Dorf lief, um Hilfe herbeizuholen, fand ich mich alleine mit einem verletzten Fremden wieder.

Ich wusste, dass ich bei ihm bleiben und ihm irgendeine Art von Hilfe geben musste, hatte aber keine Ahnung, was ich tun sollte. Der Mann war ein Arzt aus Deutschland und sprach nur wenig Englisch. Was mich betraf, so hatte ich keinerlei medizinische Ausbildung, noch nie irgendeine Art von Heilung vorgenommen und sprach kein Wort Deutsch. Er deutete auf seine Hüfte und sagte ›kaputt‹, was bedeutete, dass sie gebrochen war. Da ich nicht wusste, was ich anderes tun konnte, legte ich sanft meine Hand auf sein Bein und begann, darum zu beten, dass heilende Energie durch mich zu ihm fließen würde.

Im nächsten Moment fühlte ich, dass Erzengel Raphael bei uns war. Ich spürte, wie der Engel machtvolles grünes Heilungslicht an die verletzte Körperstelle sandte und war überrascht festzustellen, dass ich der Kanal für diese machtvolle Heilungsenergie war.

Es war nicht so, dass ich in erster Linie diese Energie als grünes Licht sah, sondern vielmehr als ein grünes *Gefühl* wahrnahm, das den Erzengel umgab. Seine Aura fühlte sich wie die kühle, erfrischende Atmosphäre eines klaren Wasserfalls in einem grünen Regenwald an. Es war, als ob jemand einen Quell vitalisierender, heilender Kraft über uns ausschüttete und in den Körper dieses Mannes fließen ließ, der hilflos auf dem Felsen lag.

Ich lächelte den Mann an, und er lächelte still zurück. Auch er konnte die tröstende Präsenz des Engels fühlen, während er immer wieder das Bewusstsein verlor. Dann kam die Frau des Arztes mit einer Decke zurück und sagte, dass ein Rettungsteam unterwegs war.

Nach diesem Erlebnis begann ich eine Ausbildung zur Heilerin. Erzengel Raphael hatte mir gezeigt, dass wir, anstatt unsere eigene Energie zu benutzen, einen Schritt zur Seite treten und den höheren Heilungsmächten erlauben sollten, durch uns zu fließen. Das schützt uns nicht nur davor, ausgelaugt und erschöpft zu werden, sondern stellt sicher, dass die Energie, die der anderen Person gesandt wird, von höchster Güte ist.«

Untersuchungen haben gezeigt, dass alle Formen von Gebeten, unabhängig von ihrem religiösen Hintergrund, messbare heilende Wirkungen haben. Ihre Gebete können zu wunderbaren Resultaten führen! Und es gibt Beweise, dass die heilenden Wirkungen umso mächtiger und schneller eintreten, je mehr Personen für den Betreffenden beten.

Wenn Sie von jemandem hören, dessen Gesundheit gefährdet ist, können Sie ihm am besten helfen, indem Sie beten und entsprechend Ihrer inneren Führung aktiv werden. Angst und Besorgnis haben noch niemandem geholfen, doch Beten hilft immer.

Laurie Montanaros Freund bat um Gebete für seine Schwägerin, die vom Pferd gefallen war und sich dabei schwere Kopfverletzungen zugezogen hatte. Sie lag daraufhin im Koma, und die Ärzte hatten ihr kaum noch eine Überlebenschance gegeben.

Laurie kannte diese Frau nicht und hatte sie noch nie gesehen, doch bat sie umgehend Erzengel Raphael, sie mit grünem Heilungslicht zu umgeben, und wiederholte dieses Gebet in den nächsten Tagen immer wieder. Dann geschah ein Wunder: Die Frau erwachte aus ihrem Koma, eine physische Therapie wurde begonnen, und bald darauf konnte sie das Krankenhaus verlassen.

Laurie sagt: »Ich bin fest davon überzeugt, dass Raphael sie geheilt hat, zusammen mit gleichgesinnten Menschen, die positive Gebete für ihre Heilung ausgesandt hatten.«

Wie das kleine Kind, dessen einsame Stimme die *Who World* in Dr. Seuss' Klassiker *Horton Hears a Who* rettet, kann Ihr Gebet die Waagschale zugunsten einer wunderbaren Heilung kippen lassen. Außerdem können Sie bei Ihrer Kirche oder einem spirituellen Zentrum in Ihrer Nähe Kontakt mit Gebetsgruppen aufnehmen oder im Internet nach weiteren

Menschen suchen, die es sich zur Aufgabe gemacht haben, für andere zu beten.

Erzengel Raphael kann jede physische Erkrankung oder Beschwerde heilen, und im nächsten Kapitel werden wir uns die emotionale und psychologische heilende Unterstützung anschauen, die er darüber hinaus jedem anbietet, der diese Unterstützung braucht.

Viertes Kapitel

Emotionale Heilung

» Lieber Erzengel Raphael, ich öffne dir jetzt meinen Geist und mein Herz und bitte dich, Vertrauen, Hoffnung und Glück in meine Seele strömen zu lassen. Bitte verhilf mir zu einem Gefühl der Sicherheit bezüglich meines gegenwärtigen und zukünftigen Lebens. Bitte hilf mir, bereit zu sein, alte Gefühle von Wut und Nichtvergebung loszulassen. Bitte hilf mir, Lösungen und Möglichkeiten klar zu sehen. Bitte verhilf meiner Seele und meinen Emotionen zu vollkommener Gesundheit. Danke. «

Manche Heilungsmodalitäten gehen davon aus, dass jede Krankheit oder Verletzung eine emotionale Ursache hat. Und ohne Frage trifft es zu, dass Krankheit und Verletzung einen emotionalen Aufruhr verursachen. Das Leben kann stressiger erscheinen, wenn Ihr Körper Schmerzen hat und Sie sich medizinischen Tests unterziehen müssen oder erschreckende Prognosen bezüglich Ihrer Gesundheit erhalten.

»Geistig-seelische Gesundheit« bedeutet die Fähigkeit, sich glücklich und sicher zu fühlen. Wenn das Leben Ihnen eine unangenehme Überraschung präsentiert, ist es ganz normal, mit Angst oder Wut zu reagieren. Bei einem gesunden Menschen verschwinden diese Gefühle allmählich, während der Betreffende sich an die veränderte Situation anpasst. Es gibt gesunde und ungesunde Verhaltensmechanismen.

Ein gesunder Verhaltensmechanismus wäre zum Beispiel, mit Freunden zu reden, die helfen können; oder Meditation und Beten. Ein ungesunder oder selbstzerstörerischer Verhaltensmechanismus wäre beispielsweise Drogen- oder Alkoholmissbrauch. Der Unterschied besteht darin, ob das Verhalten Gesundheit und Wohlbefinden verbessert oder nicht.

Erzengel Raphael kann sowohl Ihren Körper als auch Ihre Emotionen heilen. So wie bei anderen Aspekten der Kooperation mit Gott und den Engeln müssen Sie zuerst Ihre Erlaubnis geben, bevor die himmlischen Kräfte intervenieren können.

Darüber hinaus folgt Raphaels emotionale Heilung dem gleichen Muster wie seine physischen Heilmethoden und zwar auf eine der folgenden drei Arten:

Göttliche Führung:

Sie empfangen intuitive Anweisungen über Schritte, die Sie unternehmen müssen und die zu der Heilung führen, um die Sie bitten. Diese Führung kann in Form einer großartigen Idee, sich wiederholender Gedanken, eines Traumes, Zeichen des Himmels oder Bauchgefühlen kommen.

Sofortige Intervention:

Sie beten – und im nächsten Moment fühlen Sie sich besser.

Allmähliche Intervention:

Sie beten – und nach einiger Zeit fühlen Sie sich besser.

Als ehemalige Psychotherapeutin kann ich die Macht und Wirksamkeit der emotionalen Heilung der Engel bestätigen. Tatsächlich sagen die meisten Personen, die angefangen haben, mit den Engeln zu arbeiten: »Ich fühle mich jetzt soviel friedlicher, froher und sicherer.« Diese Gefühle sind das Fundament geistiger und emotionaler Gesundheit.

Heilung von Ängsten und Phobien

Angst ist ein heimlicher Dieb, der unsere friedlichen Momente stiehlt. Angst raubt uns die Fähigkeit, den gegenwärtigen Moment zu genießen und sorgt dafür, dass wir uns nervös fragen, welche schlimmen Dinge auf uns warten. Angst zieht mit seiner niederen Energie negative Erlebnisse an.

Sorgen sind eng mit Angst verwandt. Die Engel haben mich gelehrt, dass Sorgen Gebete sind, die uns zu genau dem führen, was uns Sorgen macht.

Die Engel sagen: »Anstatt dich zu sorgen, bete. Sorgenvolle Gedanken machen alles nur noch schlimmer, während das Beten die Dinge besser macht.«

Jeder Mensch hat hin und wieder Angst oder macht sich Sorgen, eine normale Reaktion auf die Stressmomente des Lebens. Zum Glück kann Erzengel Raphael Ängste beseitigen, damit die üblichen Stressfaktoren weniger belastend sind. Zum Beispiel haben die meisten Menschen Angst vor Schmerzen, wenn sie zum Zahnarzt gehen.

Eine Frau namens Jenny beschloss, mit Erzengel Raphael zu arbeiten, um diese Angst loszuwerden. Sie sagt:

>»Ich rufe Erzengel Raphael an, wenn ich beim Zahnarzt auf eine Füllung oder auch nur eine Zahnreinigung warte. Wenn ich im Stuhl sitze, fängt mein Kopf an, alle möglichen Schmerzen und Probleme durchzuspielen, die eintreten könnten, und ich werde total angespannt und panisch.

>Also bitte ich Erzengel Raphael, mir zu helfen, und im nächsten Moment spüre ich, wie er meine Hand hält. Ein Gefühl des Friedens hüllt mich ein, und ich entspanne mich auf der Stelle. Die Behandlung dauert nur wenige Minuten, und der Schmerz ist minimal.

>Ich heile sogar schneller als zu den Zeiten, wo ich vergesse, Erzengel Raphael um Beistand zu bitten. Das Gleiche gilt für Arzttermine und medizinische Untersuchungen.«

Phobien sind eine weitere Form der Angst, die sich an bestimmten Objekten (zum Beispiel Clowns, Schlangen etc.) oder Gegebenheiten festmacht (wie Höhen, geschlossene Räume usw.) Da Phobien normalerweise das Resultat eines traumatischen Erlebnisses sind, beseitigt Erzengel Raphael die Angst-Energie aus dieser zugrundeliegenden Erfahrung.

Nan Fahey zum Beispiel hatte eine Phobie in Bezug auf Unwetter, daher hatte sie große Angst, als sie im Auto in ein Gewitter geriet. Während der Sturm tobte, hatte Nan die Geistesgegenwart, Erzengel Raphael zu bitten, bei ihr zu sein.

Nan erinnert sich: »Obwohl ich die einzige Person im Auto war, fühlte ich Raphaels Hände auf meiner Schulter, und sie blieben dort, bis ich zu Hause ankam. Seine Berührung beruhigte mich und schenkte mir trotz des aufwühlenden Geschehens um mich herum ein Gefühl der Ruhe. Seitdem habe ich nie mehr Angst vor Gewittern gehabt, und dafür habe ich allein Raphael zu danken.«

Phobien treten ein, wenn wir uns unfähig fühlen, das Objekt unserer Angst zu kontrollieren.

Das obige Erlebnis heilte Nans Phobie, und heute fühlt sie sich mehr in Kontrolle, weil sie weiß, dass sie jedes Mal, wenn sie Angst hat, die Engel um Hilfe bitten kann. Sie können dasselbe bei jeglichen Phobien tun, die Sie vielleicht in Ihrer Handlungsfähigkeit einschränken, indem Sie Raphael um Hilfe bitten, zum Beispiel mit diesem *Gebet*:

> *» Lieber Erzengel Raphael, danke, dass du die Angst zwischen meinen vergangenen und heutigen Erfahrungen mit* (beschreiben Sie das Objekt Ihrer Angst) *auflöst. Ich bitte dich, mir zu helfen, in diesen Situationen Frieden zu empfinden und mich sicher zu fühlen in dem Wissen, dass du immer bei mir bist. «*

Panikattacken basieren auf Angst und sind begleitet von lähmenden Gefühlen, so als könnten Sie zum Beispiel nicht atmen und würden gleich an einem Herzinfarkt sterben. Nach der ersten Panikattacke entwickelt der Betreffende in der Regel eine Phobie vor nachfolgenden Panikattacken. Diese Angst wiederum verstärkt die Phobie und ruft immer neue Episoden von Panikattacken hervor.

Diane Fordham hatte jahrelang unter Angstgefühlen und Panikattacken gelitten. Die Anfälle, die in der Regel mitten in der Nacht auftraten, ängstigten sie beinahe zu Tode. Sie wachte dann jedes Mal auf mit dem Gefühl, als könne sie nicht mehr atmen, und ihr Herz raste wie verrückt.

Eines Nachts beschloss sie in ihrer Verzweiflung, Erzengel Raphael um Hilfe anzuflehen. Diane erinnert sich an diesen Moment:

> »Innerlich bat ich ihn: ›Bitte, Erzengel Raphael, ich habe Todesangst und das Gefühl, weder atmen noch klar denken zu können. *Bitte, bitte,* hilf mir!‹

Sofort spürte ich seine Gegenwart und merkte, wie ich lange, tiefe Atemzüge nahm. Mein Herzschlag beruhigte sich, und ich konnte wieder normal denken. Ich entspannte mich und war in der Lage, mich wieder hinzulegen und einzuschlafen! Danke, Raphael!«

So wie Diane wurde auch ein Mann namens Lukas Tobler mit Raphaels Hilfe von Panikattacken geheilt. Lukas hatte seine erste Attacke, als er in einem Hochgeschwindigkeitszug saß, und viele weitere Attacken folgten. Lukas hatte große Angst, während dieser Anfälle an einem Herzinfarkt oder Schlaganfall zu sterben.

Obgleich sich Lukas der Engel bewusst war, versuchte er, das Problem mit »rationaleren, psychologischen Methoden« zu heilen, wie er es nennt. Also entschied er sich für eine Behandlung mit Anti-Depressiva, was die ganze Sache jedoch nur noch schlimmer machte.

Eines Weihnachtstages schließlich, in den Klauen einer erneuten Panikattacke, rief Lukas verzweifelt nach Raphael und seinen Helfer-Engeln, er möge ihn bitte von dieser Agonie befreien. Umgehend fühlte er, wie Erzengel Raphael ihn mit tröstender Energie einhüllte, was dafür sorgte, dass Lukas sich sicherer fühlte.

Innerhalb von zwei Wochen hatte sich die Intensität seiner Panikattacken auf ein paar Momente milder Angst reduziert. Zu wissen, dass Erzengel Raphael und seine Helfer-Engel immer für ihn da waren, gab Lukas ein großes Gefühl der Dankbarkeit, Erleichterung und neue Hoffnung. Nach sechs Monaten hörten seine Panikattacken gänzlich auf, ohne dass er weitere medizinische Hilfe benötigte.

Hier ist ein *Gebet*, mit dem Sie bei der *Heilung von Panikattacken* um Hilfe bitten können:

> » *Lieber Erzengel Raphael, bitte schicke meiner Seele, meinem Herzen und meinem Nervensystem dein smaragdgrünes Heilungslicht. Ich bitte dich, mich zu trösten, zu beruhigen und mir ein Gefühl der Sicherheit zu geben. Bitte hilf mir zu wissen, dass ich in jeder Hinsicht sicher und beschützt bin.* «

Das Herz heilen

Erzengel Raphael heilt sowohl das physische als auch das emotionale Herz. Unabhängig von der Ursache des Schmerzes bietet Raphael Trost und Fürsorge an.

Hier folgen nun einige Gebete für emotionale Hilfe und Heilung in unterschiedlichen Situationen.

Gebet, um ein trauerndes Herz zu heilen

» Lieber Erzengel Raphael, bitte sende dein smaragdgrünes Heilungslicht in mein Herz. Hilf mir, mich wieder ganz zu fühlen. Bitte stelle meine Hoffnung, meinen Glauben und mein Vertrauen wieder her, damit
ich mein Leben wieder voll aufnehmen kann. Bitte
vergewissere mich, dass die Engel über jeden wachen,
der an dieser Situation beteiligt ist. «

Gebet nach Beendigung einer Beziehung

» Lieber Erzengel Raphael, mein Herz braucht bitte
deinen heilenden Beistand. Hilf mir, alle Ängste und
Gefühle des Verletztseins loszulassen. Hilf mir, mich
in meinem neuen Leben ohne meinen Partner einzu-
richten. Hilf mir, Traurigkeit, Einsamkeit, Wut und
Unversöhnlichkeit loszulassen. Ich bitte dich, mich
mit deinem heilenden grünen Licht zu umgeben, meine
Energie zu klären und mich zu beschützen. Danke. «

Gebet, um Enttäuschung zu überwinden

> »Lieber Erzengel Raphael, ich brauche jetzt sofort eine starke, tröstende Umarmung von dir. Bitte vergewissere mich, dass mir diese Erfahrung letzten Endes zum Besten gereicht und dass am Horizont sogar noch etwas Besseres auf mich wartet. Danke, dass du mein Herz und meine Seele von selbstsüchtigen Bedürfnissen heilst, damit ich mich von unnötigem Drama und allen auf Angst beruhenden Gedanken befreien kann. Hilf mir, Gottes perfektem Plan für mich und meine Lieben zu vertrauen. Danke.«

Gebet, um Wut und Verbitterung loszulassen

> »Lieber Erzengel Raphael, danke, dass du mein Herz und meine Seele in deinem reinigenden smaragdgrünen Licht badest und alle niederen Energien, Toxine und harschen Gefühle wegwäschst. Danke, dass du meine Seele erhebst, damit ich eine bessere Perspektive über die Situation gewinne und die Handlungen anderer Menschen nicht persönlich nehme. Bitte führe meine Aktionen und Gedanken, damit sie meine wahre spirituelle Natur göttlicher Liebe widerspiegeln. Danke.«

Gebet zur Überwindung von Sorgen oder Angst

>> Lieber Erzengel Raphael, bitte hülle mich in deine
starken Arme und Flügel ein und gewähre mir deine
Zusicherung, dass ich und meine Lieben in Sicherheit
sind. Hilf mir, meinen inneren Gefühlen zu vertrauen
und entsprechend zu handeln. Hilf mir, mich von
den Meinungen anderer unabhängig zu machen und
meine innere Stimme der Wahrheit deutlich zu hören.
Bitte schenke mir klare Führung und Ideen bezüglich
der nächsten Schritte, die ich zur Heilung dieser Situation vornehmen muss. Danke. <<

Heilung emotionaler Erschöpfung und Überlastung

Wenn das Leben schwierig oder übermäßig anstrengend zu
sein scheint, kann es passieren, dass Sie sich von den ständi-
gen Kämpfen und erfolglosen Anstrengungen emotional erschöpft fühlen. Das kann zu einem Zusammenbruch aufgrund von Überlastung führen, was sich in einem Gefühl der
Benommenheit, Teilnahmslosigkeit und chronischer Müdig-
keit äußert.

Kelly Roper hat sich vor einigen Jahren auf diese Weise ausgebrannt gefühlt. Sie war physisch, emotional, spirituell und geistig total erschöpft und von den Umständen ihres Lebens überwältigt.

Wie sie sich erinnert: »Ich war von negativen Menschen, Situationen und Dunkelheit umgeben, während ich eine Scheidung und mehrere Todesfälle in meiner Familie durchlebte. Ich konnte nirgendwo in meinem Leben ein Licht sehen.«

In ihrer Verzweiflung flehte Kelly Gott und Erzengel Raphael um Hilfe an. Sie fühlte sich umgehend angeleitet, zu meditieren und sanfte, entspannende Musik aufzulegen.

Kelly sagt: »Während der Meditation erlebte ich einen sehr lebhaften Tagtraum: Umgeben von Dunkelheit, sah ich eine Lichtblase zu mir schweben. Im Inneren der Blase war ein junger Mann, der mir seine Hand entgegenhielt, mich sanft zu sich zog, und dann tanzten wir zusammen in dem Licht. Die Vision war ungeheuer lebendig und intensiv!«

Anschließend fühlte Kelly sich deutlich erleichtert. Endlich war sie wieder friedvoll, entspannt und heiter – ihre Gebete waren beantwortet worden!

Sie sagt: »Wenn ich zurückschaue, bin ich erstaunt, überwältigt und dankbar für das wundervolle Geschenk, das ich in meiner dunkelsten Stunde empfangen habe.«

So wie Kelly können auch Sie um spirituelle Heilung bitten, um Ihre Energie und Ihre Sichtweise neu zu beleben. Hier ist ein *Gebet* für diese Art der Heilung:

» Lieber Gott und Erzengel Raphael, danke, dass du meine Leidenschaft für das Leben neu entzündet hast. Danke, dass du mir hilfst, jeden Augenblick zu genießen und mich jeder Herausforderung mit Zuversicht und Begeisterung zu stellen. Bitte hilf mir, stark zu sein, meine Wahrheit auszudrücken und für mich geradezustehen, wann immer es erforderlich ist.
Danke, dass du mir die Energie und Ausdauer gibst, meine Verantwortlichkeiten zu erfüllen und dabei mir selbst treu zu bleiben. «

Der heilende Pfad der Vergebung

Ein großer Teil von Erzengel Raphaels Heilungsarbeit hat mit der Beseitigung angehäufter negativer Energien zu tun, die sich vor allem in zusammengeballter Wut sowie Unversöhnlichkeit äußern.

Das heilende Handbuch *Ein Kurs in Wundern* zeigt deutlich auf, dass alle Formen von Krankheit auf Gedanken zurückzuführen sind, die mit der Unfähigkeit zu vergeben zu tun haben. Fast alle religiösen und spirituellen Wege empfehlen Vergebung als Voraussetzung und Notwendigkeit für ein gesundes Leben.

Wie vergeben Sie also das scheinbar Unverzeihliche?

Wie lassen Sie Wut und Verbitterung los, wenn die Aktionen eines anderen Sie verletzt haben?

Als erstes müssen Sie die Entscheidung treffen, Vergebung als Alternative überhaupt in Betracht zu ziehen. So lange

Vergebung für Sie nicht in Frage kommt, kann sie auch nicht geschehen. Manche Menschen halten an ihrer Verbitterung fest, weil sie die Person, von der sie sich angegriffen fühlen, bestrafen wollen.

Doch wer ist in Wahrheit gestraft, wenn Sie es sind, der die toxische und bittere Wut in seiner Seele und seinem Körper festhält? Schon das kleinste bisschen Bereitschaft zur Vergebung kann die Tür weit genug öffnen, damit die Engel hereinkommen und eine emotionale Heilung bewirken können.

Sobald Sie sich auch nur ein Minimum an Vergebungsbereitschaft erlauben, besteht der nächste Schritt darin, um Hilfe zu bitten. Das folgende *Gebet* eignet sich dafür besonders gut:

> *» Lieber Gott und Erzengel Raphael, ich bin bereit, (Name der Person) und mir selbst für diese Situation zu vergeben, im Austausch für inneren Frieden. Ich bin bereit, die Verantwortung für die Rolle zu übernehmen, die ich in dieser Situation innehatte, und ich bitte dich mir zu helfen, die Lebenslektionen wirklich zu lernen, die in dieser Herausforderung enthalten sind. Ich bin nicht länger willens, die Last und Giftstoffe der Wut in meiner Seele und meinem Herzen zu ertragen. Ich übergebe dir jetzt rückhaltlos und aus freiem Willen diese Urteile, Gedanken und Gefühle mit der Bitte, sie zu reinigen, zu entgiften und in positive Energie zu verwandeln. «*

Ihr Körper wird sehr wahrscheinlich auf dieses Gebet reagieren, während die Engel damit beschäftigt sind, Giftstoffe aus Ihrem Körper zu beseitigen. Es kann sein, dass Sie im Laufe dieses kathartischen Prozesses ein Zittern oder Frösteln fühlen – ein positives Zeichen, dass Ihre Zellen alte Energien loslassen, was Ihnen wiederum hilft, sich leichter und freier zu fühlen.

Es gibt einen Grund, warum praktisch jeder religiöse oder spirituelle Weg eine starke Betonung auf Vergebung legt, um körperliche, seelische und emotionale Gesundheit wiederherzustellen.

⊙⊙⊙⊙

Um die Universalität dieses wichtigen Schrittes zur Heilung darzulegen, finden Sie im Folgenden Ausschnitte aus einigen spirituellen Texten und Schriften mit inspirierenden Worten, die dem Menschen Vergebung ans Herz legen:

»Es gibt keine Form des Leidens, die nicht versucht, einen unverzeihlichen Gedanken zu verbergen. Noch kann es eine Form von Schmerz geben, den Vergebung nicht heilen kann.«

– New Age, *Ein Kurs in Wundern*

»Du sollst nicht Rache üben noch einen Groll hegen gegen die Söhne deines eigenen Volkes, sondern deinen Nächsten lieben wie dich selbst.«

– Judaismus, Leviticus 19

»Dann erhob sich Peter und sagte zu ihm: ›Herr, wie oft soll mein Bruder sich gegen mich versündigen, und ich vergebe ihm dennoch? So viel wie sieben Mal?‹ Jesus erwiderte: ›Ich sage dir nicht sieben Mal, sondern siebzig Mal sieben Mal.‹«

– Christentum, Matthäus 18

»Wo Vergebung ist, ist Gott selbst.«

– Aus dem heiligen Buch der Sikkh, *Adi Granth*

»Untergrabe Zorn durch Vergebung.«

– Aus dem heiligen Buch der Jain, *Samanasattam*

»Der hochgestellte Mann neigt dazu, Fehler zu vergeben.«

– I Ching

»Hege keinen Groll.«

– Tao, Traktat über Reaktion und Vergeltung

»Er, der vergibt und Versöhnung sucht, wird von Gott belohnt werden.«

– Islam, Koran 42

Nachdem wir jetzt den Umfang von Raphaels Heilungen bei Erwachsenen aufgedeckt haben, wollen wir uns anschauen, in welcher Weise der Erzengel Kindern ebenso hilft und sie unterstützt.

Fünftes Kapitel

Raphael heilt Kinder

» Lieber Gott und Erzengel Raphael, bitte wache über meine Kinder und sorge für ihre Gesundheit und Sicherheit. Bitte leite mich an, die beste Mutter (oder der beste Vater) zu sein, um alle ihre Bedürfnisse er-füllen zu können. «

Ich habe immer geglaubt, dass der Himmel Kindern höchste Priorität gibt und die Engel ihr Bestes tun, um dafür zu sorgen, dass sie gesund und beschützt sind. Ich bin überzeugt, dass in Fällen, wo Erwachsene Kinder misshandeln, die Engel sich frustriert fühlen müssen, weil sie nicht in der Lage sind, den freien Willen dieses Erwachsenen zu umgehen. Dennoch tun die Engel ihr Bestes, um über die Kinder der Welt zu wachen.

Erzengel Raphael scheint für Kinder einen besonders liebevollen Platz in seinem Herzen zu haben. Seine Heilungsarbeit wird von jungen, reinen Herzen willkommen geheißen, die Raphaels Geschenke mit Anmut und Dankbarkeit annehmen. In diesem Kapitel sind bis auf einen die Namen aller Kinder geändert worden, um ihre Privatsphäre zu wahren. Die Namen der Erwachsenen wurden mit ihrer Erlaubnis unverändert beibehalten (wie überall in diesem Buch).

Die folgenden Geschichten sind besonders ergreifend, da die Kinder aufgrund ihrer vertrauensvollen Natur und offenen Herzen Raphaels Gegenwart während ihrer Heilung sahen und fühlten.

Ruby Niecke zum Beispiel war mit ihren Nichten, 12 und 14 Jahre alt, in ihrem Wochenendhaus am See. Abends legten sie sich häufig gegenseitig *Das Erzengel-Orakel*-Kartendeck. Die älteste Nichte, Fiona, zog immer wieder Erzengel Raphael-Karten, also erzählte Ruby ihr soviel sie wusste über den Heilungsengel.

Am letzten Nachmittag ihrer Ferien stach eine Biene Fiona in den linken Fuß. Ruby nahm den geschwollenen Fuß in ihre Hände und sagte: »Keine Sorge, wir werden Erzengel Raphael herbeirufen. Atme ein paarmal tief ein und aus, und schon ist wieder alles gut.«

Fiona rief aus: »Er ist hier!«, woraufhin sie zu weinen aufhörte und sagte: »Oh mein Gott, Tante Ruby, es tut gar nicht mehr weh!«

Dann fing Fiona an, wirbelnd durch das Zimmer zu tanzen und dabei zu singen: »Danke, Raphael! Du hast meinen Fuß geheilt!« Fionas ungetrübtes Vertrauen in die Engel machte diese sofortige Heilung möglich. Wir können so viel von den Beispielen der Kinder lernen!

Empfängnis

In der Bibel wird berichtet, wie Engel die Schwangerschaften von Sarah, Maria und Elisabeth unterstützt haben. Dabei handelt es sich um Beispiele der uralten Verbindung zwischen Engeln und werdenden Eltern bei jedem Aspekt der Schwangerschaft, Geburt und Erziehung des Kindes.

Mir sind mehrere Geschichten von Frauen geschickt worden, die schwanger geworden sind, nachdem sie die Engel um Hilfe gebeten hatten. Tatsächlich hatten meine eigenen Eltern Schwierigkeiten, mich zu empfangen, bis sie die Gebetsgruppe unserer Kirche baten, für uns zu beten, und drei Wochen später wurde meine Mutter schwanger mit mir. Daher glaube ich von Haus aus an die Macht der Gebete, denn schließlich waren sie der Beginn meiner physischen Existenz!

Eine *Angel*-Therapeutin namens Morgen Drasnin bereitete ihre Klientin auf eine künstliche Befruchtung und Implantation vor. Die Frau war nicht in der Lage gewesen, auf natürlichem Wege schwanger zu werden, und ihr Arzt machte sich Sorgen über die Fähigkeit ihres Körpers, das Kind bis zum Schluss auszutragen. Also rief Morgen Erzengel Raphael an und bat um seine Gegenwart.

Vor ihrem inneren Auge sah Morgen, wie Raphael seine Hände auf den Unterleib und die Hüftknochen ihrer Klientin legte und so eine enorme Menge von Energie und Licht in ihren Körper strömte. An einem Punkt bedeutete der Erzengel Morgen, ihre Hände in der gleichen Weise auf die Hüftknochen ihrer Klientin zu legen.

119

Als die Arbeit getan war, fragte Morgen die junge Frau, ob sie während der Session irgendetwas erlebt hatte. Sie antwortete: »Nachdem Sie das Heizkissen auf meinen Unterleib gelegt hatten ...« und fuhr fort, ihre Gedanken und Visionen zu beschreiben. Morgen lächelte und sagte ihr, dass es kein Heizkissen gewesen war, was sie gefühlt hatte, sondern die tiefe Liebe und heilende Energie von Erzengel Raphael!

Mittlerweile ist die junge Frau im achten Monat schwanger, und es geht ihr ausgezeichnet! Morgen sagt: »Danke, Raphael, dass du den Körper meiner Klientin ins Gleichgewicht gebracht und die perfekten Voraussetzungen für ihre erfolgreiche Schwangerschaft geschaffen hast.«

❧❦❧

Traditionell gilt Erzengel Gabriel als der Engel, der bei einer gewünschten Empfängnis und Schwangerschaft um Hilfe angerufen wird, da er der Engel ist, der in der Bibel sowohl Maria als auch Elisabeth ihre Schwangerschaft ankündigte. Wenn Sie sowohl mit Gabriel als auch Raphael zusammenarbeiten, bringen Sie damit die Zwillingsenergien des fürsorglichen, mütterlichen Engels Gabriel und des Heilungsengels Raphael ins Spiel. Eine wahrhaft unschlagbare Kombination!

Hier ist ein machtvolles *Gebet für eine Schwangerschaft*:

> *» Erzengel Gabriel und Raphael, ich rufe euch jetzt an, der Seele meines geliebten ungeborenen Kindes den Weg zu bereiten und meinen Bauch zu einem wunderbaren Tempel zu machen, in dem mein Baby gesund und stark heranwachsen kann. Bitte führe*

mich klar zu den Schritten, die ich und der Vater des Babys nehmen müssen, um eine erfolgreiche Empfängnis und eine gesunde, voll ausgetragene Schwangerschaft zu gewährleisten.«

Schwangerschaft

Die Erzengel Gabriel und Raphael wachen über Schwangerschaften und sorgen für die Sicherheit und Gesundheit von Mutter und Kind. Die Erzengel geben intuitive Führung, um Müttern zu helfen, alles zu tun, was für sie und ihr Ungeborenes am besten ist. Die Erzengel leiten außerdem Ärzte und Heiler an, die die Schwangerschaft betreuen.

Eine *Angel*-Therapeutin namens Barbara Iniguez wandte sich um Hilfe an Erzengel Raphael, als eine Freundin während ihrer Schwangerschaft gesundheitliche Probleme bekam. Ihr ging es zusehends schlechter; sie war nahe daran, ihr Baby zu verlieren und konnte nur noch im Bett liegen, unfähig, überhaupt aufzustehen. Sie bat Barbara, sich in ihrem Namen an Erzengel Raphael zu wenden.

Barbara sagt: »Also habe ich ein Gebet aufgeschrieben, mit dem ich Erzengel Raphael, Jungfrau Maria und die Heilungsengel bat, meine Klientin gesund werden zu lassen und dafür zu sorgen, dass es ihr und ihrem Baby gut ging. Täglich sagte sie inbrünstig dieses Gebet und lernte es sogar auswendig. Die junge Frau wurde wieder ganz gesund, und zwei Monate später brachte sie einen gesunden Jungen auf die Welt. Sie war Erzengel Raphael so dankbar, dass sie das Gebet drucken ließ und jedem, den sie kannte, eine Kopie davon gab.«

Hier ist Barbaras *Gebet*:

> *» Lieber Gott, Heiliger Geist und Erzengel Raphael, ich bitte euch, mich mit eurer liebevollen, heilenden Energie zu umgeben. Ich bitte darum, dass mein physischer Körper sich perfekter Gesundheit erfreut und dass er von der Illusion von Krankheit befreit werden möge. Ich bitte meinen Körper, sich entsprechend Gottes Plan zu verhalten. Ich bitte, dass Jungfrau Maria, die liebende universale Mutter, mir beisteht; ich lege meine Schwangerschaft in ihre liebevollen Hände, damit sie mein Baby beschützt. Ich bitte darum, dass diese Situation auf eine wunderbare Weise gelöst wird. Und so ist es. «*

Ich bewundere die Geistesgegenwart der Mutter, die ihr erlaubte, Barbara um Hilfe zu bitten und dann das Gebet regelmäßig zu wiederholen. Es ist wichtig, dass wir die Schritte vornehmen, die uns durch unsere intuitiven Gedanken und Gefühle von den Engeln gegeben werden.

Hier ist ein weiteres *Gebet* für eine gesunde Schwangerschaft:

> »*Lieber Gott, Erzengel Gabriel und Erzengel Raphael, danke, dass ihr jeden Aspekt meiner Schwangerschaft überwacht und für meine Sicherheit und Gesundheit und die meines Babys sorgt. Bitte beschützt uns allzeit und zeigt mir und meinem Arzt deutlich, welche Aktionen notwendig sind, damit unsere Gesundheit und unser Wohlergehen gewährleistet sind. Danke, dass ihr mir helft, sowohl meinen eigenen Körper als auch den wachsenden Körper meines Babys zu würdigen, indem ich nur gesunde Nahrung und Getränke zu mir nehme. Danke, dass ihr dafür sorgt, dass ich von liebevollen, sanften und hilfreichen Menschen und Situationen umgeben bin. Danke, dass ihr mir zu einer perfekt gesunden, voll ausgetragenen Schwangerschaft und einer sicheren Geburt meines Babys verhelft.*«

Adoption

Darüber hinaus können die Erzengel Gabriel und Raphael Eltern helfen, die ein ersehntes neues Familienmitglied adoptieren wollen. Hier ist ein wirksames *Gebet* für adoptionswillige Eltern:

> » *Lieber Gott und Erzengel Gabriel und Raphael,*
> *ich rufe euch jetzt an. Ich bitte euch, mich durch den*
> *Adoptionsprozess zu führen. Bitte führt mich zu den*
> *besten Vermittlern und Bedingungen und bringt uns*
> *auf perfekte Weise und ohne Schwierigkeiten unser*
> *Wunschkind. Helft mir, während dieses Prozesses*
> *stark, positiv und geduldig zu sein.* «

Und hier ist ein heilendes *Gebet* speziell für Mütter, die ihr Baby zur Adoption freigeben wollen:

> » *Lieber Gott, Erzengel Gabriel, Erzengel Raphael*
> *und Mutter Maria, danke, dass ihr während der*
> *Schwangerschaft über mich und mein Baby wacht.*
> *Bitte heilt mein Herz von diesen starken, wider-*
> *sprüchlichen Emotionen und helft mir, mit der Situa-*
> *tion fertig zu werden und, wenn nötig, zu vergeben.*
> *Danke, dass ihr mich zu einer ehrlichen und freund-*
> *lichen Adoptionsagentur führt und dafür sorgt, dass*
> *mein Kind von liebevollen und fürsorglichen Eltern*
> *adoptiert wird. Falls es zum Besten meines Kindes ge-*
> *reichen sollte, bitte ich euch mir zu helfen, weiterhin*
> *in seinem Leben zu sein.* «

Heilungen in der frühen Kindheit

Die Engel sind immer bei Ihren Kindern, in jedem Augenblick ihres Lebens (und ebenso bei Erwachsenen wie bei Ihnen selbst). Kleinkindern passieren beim Erforschen ihrer
Welt zuweilen Missgeschicke, doch zum Glück ist Erzengel
Raphael da, um sie aufzufangen, sollten sie hinfallen.

Donnas zweijährige Enkelin Kristy verbrannte sich den Kopf
und das Gesicht, als sie nach der heißen Teetasse ihrer Mutter griff. Also riefen Donna und die Familie umgehend Erzengel Raphael zu Hilfe, um die Kleine zu heilen und dafür zu
sorgen, dass keine Narben zurückblieben.

Ursprünglich gingen die Ärzte im Krankenhaus davon aus,
dass Hauttransplantationen nötig wären, doch zuerst mussten sie verbrannte Hautpartikel entfernen und die Haare der
kleinen Patientin schneiden, damit sie genau sehen konnten,
wie schlimm die Verbrennungen waren. Dann verbanden sie
ihren Kopf mit Bandagen und überwiesen Kristy in ein Kin-
derkrankenhaus, das auf Verbrennungen spezialisiert und
drei Stunden Autofahrt entfernt war. Donna und ihre Familie beteten auf dem Weg, dass Erzengel Raphael und Michael
ihr Töchterchen beschützen und heilen sollten.

Donna erinnert sich: »Irgendwann in der Nacht fühlte ich
die Engel um mich herum und wusste, dass alles gut werden
würde. Mit diesem beruhigenden Wissen schlief ich endlich
ein.«

Am nächsten Morgen waren die Ärzte, die Kristys Ver-
bände entfernten, verblüfft zu sehen, dass ihre Haut nur ge-

rötet war und es nicht die geringsten Anzeichen von Blasenbildung oder Hautablösung gab. Sie meinten, es sei ein Wunder, dass sie nicht operiert werden musste! Kristy wurde nach Hause entlassen mit der Aufforderung an ihre Eltern, sie einmal in der Woche zur Nachuntersuchung zu bringen. Schon beim ersten Termin eine Woche später sagten die Ärzte, dass alles in Ordnung sei.

Ihre Familie hatte um Heilung gebetet, und die Engel hatten ihre Gebete erhört und Kristy geheilt. Heute ist sie sieben Jahre alt, ohne irgendwelche Narben oder sonstige Anzeichen von Trauma.

Donna sagt: »Ich habe stets an die heilenden Kräfte von Erzengel Raphael geglaubt, und dies war eine Bestätigung, dass Wunder tatsächlich eintreten, wenn man nur daran glaubt.«

Doch Erzengel Raphael kann Kinder nicht nur nach Unfällen oder Verletzungen helfen, sondern auch ihre Krankheiten heilen. Beim ersten Anzeichen einer Erkältung sollten Sie Erzengel Raphael mit dem folgenden Gebet um Hilfe bitten:

> *» Lieber Erzengel Raphael, bitte hilf meinem Kind (Name des Kindes), sofort gesund zu werden. Ich bitte dich, mein Kind mit dem Licht deiner heilenden grünen Energie zu umgeben und ihm zu helfen, jetzt wieder völlig gesund zu sein. «*

Janet Stevenson erfuhr Raphaels heilende Macht, als sie ihn im Namen ihrer 18 Monate alten Enkelin Caity anrief, die seit Monaten immer wieder unter hohem Fieber litt. Eines Tages, als es Caity besonders schlecht ging, fuhr Janet zu ihr, um sie zu besuchen, und fand die Kleine, wie sie im Schoß ihrer Mutter lag und auf nichts mehr reagierte. Ihren Augen konnte man ansehen, dass sie sich elend fühlte.

Also legte Janet ihre Hand auf Caitys Rücken, schloss die Augen und nahm ein paar tiefe Atemzüge. Sie bat Erzengel Raphael, zu Caity zu kommen und sie zu heilen. Janet visualisierte, wie sein smaragdgrünes Licht von ihrer Hand in Caitys Rücken strömte und stellte sich vor, wie Erzengel Raphael den Virus mit einem kleinen Staubsauger aus ihrem Körper saugte.

Ein paar Stunden später wollte Caity zum ersten Mal wieder etwas trinken und essen, was erstaunlich war, da sie während ihrer Krankheit so gut wie nichts zu sich genommen hatte.

Spätestens jetzt wusste Janet, dass der Virus verschwunden war. Bald darauf war Caity wieder ganz gesund, rannte pudelwohl und vergnügt durchs Haus und spielte.

☙❧☙

Es ist nur natürlich, dass Sie sich als Eltern oder Großeltern Sorgen machen, wenn Ihr Kind krank wird. Aus diesem Grund können Sie Erzengel Raphael auch bitten, Ihr eigenes Herz und Ihre Seele zu erleichtern und dafür zu sorgen, dass Sie ruhig bleiben, während Sie Ihrem Kind beistehen. Hier ist ein *Gebet*, das Ihnen helfen kann:

» Lieber Erzengel Raphael, bitte beruhige mich be-
züglich der Gesundheit meines Kindes. Bitte hilf mir,
deine Führung genau zu hören und in der Lage zu
sein, klar zu denken und prompt zu handeln, um mei-
nem Kind zu helfen, schnell wieder gesund zu wer-
den. Danke. «

Als Kinderschwester war sich Carmen Carignan der erschre-
ckenden Folgen bewusst, als ihr vierjähriger Sohn Matthew
eine schwere Herzbeutelentzündung bekam. Die unmittel-
bare Umgebung seines Herzens war aufgrund einer Flüssig-
keitsansammlung entzündet, eine extrem lebensbedrohliche
Situation. Er wurde im Notarztwagen in ein 60 Meilen ent-
ferntes, großes medizinisches Zentrum gebracht.

Der Kinderkardiologe sagte, dass Matthew ins Boston
Children's Hospital verlegt werden würde, sollte sich sein
Zustand in der Nacht verschlechtern, um dort an eine Herz-
Lungenmaschine angeschlossen zu werden. Carmen war wie
gelähmt vor Angst und Entsetzen. Das alles konnte doch gar
nicht wahr sein!

Die Krankenschwestern führten Carmen in einen kleinen
Raum auf der anderen Seite des Flurs, wo sie sich hinlegen
konnte, während sie Matthew weiteren Tests unterzogen.
Kaum hatte sie die Tür hinter sich geschlossen, schrie sie vor
Verzweiflung und machte dem Universum immer wieder
klar, dass sie ihren Sohn unter keinen Umständen verlieren
wollte! Inbrünstig betete sie und bat Erzengel Raphael, zu
Matthew zu gehen und ihm in jeder erdenklichen Weise zu
helfen.

Carmen blieb nichts anders übrig, als ihren Sohn und die ganze furchtbare Situation den himmlischen Kräften zu übergeben. Sie wurde von unkontrollierbaren Schluchzern geschüttelt. Durch ihr Schluchzen hörte sie, wie sich eine Tür öffnete und wieder schloss, so als wäre jemand hinausgegangen, der bis eben bei ihr gewesen war. Von Trauer überwältigt, dachte Carmen nicht weiter darüber nach. Sie warf sich auf der schmalen Liege hin und her, unfähig zu schlafen, während die Gedanken in ihrem Kopf hin und her jagten.

Am Morgen brachte der Kardiologe Matthew zu ihr. Obwohl er stöhnte und weinte, schien der Kleine dennoch irgendwie ruhiger sein. Der Arzt schaute Carmen fest in die Augen, als er sagte: »Ich weiß nicht, was passiert ist, aber Matthew zeigt Anzeichen der Besserung. Vielleicht liegt es an Ihren Gebeten, ich kann es mir nicht erklären.«

Carmen sagt: »In diesem Augenblick wusste ich, dass es Erzengel Raphael gewesen war. Rückblickend erkannte ich, dass Raphael zu mir gekommen war, als ich ihn angerufen hatte, und dann ging, um bei Matthew zu sein, daher das Öffnen und Schließen der Tür. Wieder kamen mir die Tränen, doch dieses Mal aus Liebe und Dankbarkeit für das Wunder, das uns zuteil geworden war. Matthew blieb noch zwei Wochen im Krankenhaus, und jeden Tag ging es ihm ein bisschen besser. Heute ist er ein junger Mann von achtzehn Jahren und steht kurz davor, seinen High School-Abschluss zu machen.«

Carmens verzweifelte Gebete brachten umgehende Hilfe für sie und ihren Sohn. Wenn Sie beten, achten Sie darauf, dass Sie hundertprozentig auf das erwünschte Resultat fokussiert sind. Wenn Sie beten, tun Sie es mit Ihrem ganzen Körper, Ihrem ganzen Geist und aus tiefster Seele. Seien Sie absolut sicher, dass Sie genau wissen, wofür Sie beten, es wirklich wollen und verdienen.

Wenn Sie sich auch nur ein wenig zurückhalten und denken: »Also ganz sicher bin ich mir nicht, ob ich die Hilfe des Himmels verdiene«, werden Sie damit die Antwort auf Ihre Gebete verlangsamen oder blockieren.

Glücklicherweise sind sich die meisten Eltern völlig sicher, dass ihre Kinder die heilenden Behandlungen des Himmels verdienen. Deshalb sind die Gebete von Eltern besonders wirksam.

∞∞∞

Catherine Fleays dreijährige Tochter Julia war seit Wochen krank, ohne die geringsten Anzeichen einer Besserung zu zeigen. Sie litt unter einer Erkältung, die einfach nicht weggehen wollte, mit verstopfter Nase, einem bösen Husten und Ohrenschmerzen. Es ging ihr sehr schlecht, und sie konnte nächtelang nicht schlafen.

Eines Abends, als Catherine ihrer Tochter eine Gutenachtgeschichte vorlas, beschloss sie, Erzengel Raphael zu bitten, Julia wieder gesund zu machen. Mutter und Tochter beteten gemeinsam um seine Hilfe und stellten sich vor, wie der Engel seine Flügel um Julia in ihrem Bett ausbreitete. Julia lag da, und beide visualisierten, wie sie die Farbe Grün einatmeten.

Am nächsten Morgen schien Julia ein wenig wacher zu sein, mit spürbar mehr Energie als in den Tagen zuvor. Catherine fuhr ihre älteren Kinder zur Schule und war dann auf dem Weg zum Supermarkt, als Julia ausrief: »Mummy, schau doch mal die kleinen grünen Lichter!«

Sie fuhren gerade auf einem Stück nicht asphaltierter Straße ohne Verkehrsampeln. Julia zeigte aufgeregt auf eine Stelle direkt hinter dem Beifahrersitz. Dann begrüßten beide Erzengel Raphael und dankten ihm für die Heilung. Julia war total begeistert über das Ganze.

Sie fuhren weiter in Richtung Supermarkt, wo sie beide erstaunt eine große Kiste grüner Olivenölkanister sahen mit dem Markennamen »Raphael«. Sie lachten und sagten zu dem Engel: »Wir haben die Botschaft verstanden – nochmals vielen Dank!«

Nach ein paar Tagen war Julia wieder ganz gesund; voller Energie und Spieldrang, war sie wieder ihr hinreißendes, fröhliches Selbst. Bis zum heutigen Tag spricht Julia mit den Engeln.

Erfahrungen wie diese helfen Kindern zu wissen, dass Engel real sind, und schenken ihnen das Vertrauen, sich jederzeit an Engel wie Raphael wenden zu können, wenn es um ihre Gesundheit oder andere Bereiche ihres Lebens geht. Wenn ein Kind umgehend geheilt wird, stärkt dies das Vertrauen und den Glauben jeder Person, die Zeuge dieses Ereignisses wird, was eine andere Form der Heilung darstellt.

Heilung von Kindheitsängsten

Im vorausgegangenen Kapitel haben wir uns angeschaut, wie Raphael die Ängste, Sorgen und Phobien Erwachsener beseitigt. Nun, das Gleiche tut er auch für Kinder. Wenn es Ihnen so wie den meisten Kindern ergehen würde, hätten auch Sie höchstwahrscheinlich Ängste vor Monstern, die nachts in Ihrem Schlafzimmer lauern.

Tia Spanelli erinnert sich, wie Erzengel Raphael ihr half, diese Kindheitsangst zu überwinden:

> »Als kleines Mädchen hatte ich Angst, abends alleine ins Bett zu gehen, weil ich dachte, dass ein Monster kommen und mich holen würde. Ich schaute mir oft Filme im Fernsehen an und hatte daher eine wilde Fantasie. Der einzige Ort, an dem ich mich sicher fühlte, war das Schlafzimmer meiner Großmutter.
>
> Eines Nachts schlief ich in ihrem riesigen Doppelbett, fühlte mich aber immer noch irgendwie ängstlich. Im Laufe der Nacht wachte ich mehrmals auf und schlief wieder ein. Als ich das nächste Mal aufwachte, sah ich eine extrem große Gestalt in einem grünen Umhang. Es war ein Mann, und er hatte seine Hände zum Gebet gefaltet. Er stand genau vor meinem Bett. Ich kniff die Augen zusammen, konnte jedoch alles deutlich sehen.
>
> In seinen starken, männlichen Händen hielt er einen langen, pfirsichfarbenen Rosenkranz, der ihm bis an die Knie zu reichen schien. Das Ge-

sicht dieses hochgewachsenen Mannes konnte ich nicht sehen, da sein Kopf von einem hellen Nebel umgeben zu sein schien. Sein Gewand war sehr lang, dick und von dunkelgrüner Farbe, so wie bei einem Jäger. Es hatte ein wellenförmiges Muster, mit einem hellbraunen Streifen, der sich über die ganze untere Hälfte zog.

Der ›hochgewachsene Herr‹ sagte nichts, doch ich fühlte mich beruhigt und schlief bald wieder ein. Nach dieser Nacht hatte ich nie mehr Angst vor Monstern.

Ich war noch sehr klein und verstand das Erlebnis nicht. Erst Jahre später, nachdem ich einige von *Doreens* Bücher gelesen hatte, wurde mir klar, dass es Erzengel Raphael gewesen war, der mich damals besucht und mir meine Ängste vor der Dunkelheit und vor dem Schlafen genommen hatte. Seine Gegenwart war beruhigend und tröstend, so als wäre ich von meinen Ängsten geheilt worden, die verschwanden und nie wiedergekommen sind.«

Heutzutage neigen Kinder vermehrt dazu, verstorbene Menschen in ihren Schlafzimmern zu sehen, weil Eltern offener sind für die hellsichtigen Fähigkeiten ihrer Kinder. Anders als zu Zeiten, wo Kinder Angst hatten vor imaginären Monstern im Schrank, haben die Kinder heute Angst, weil sie nachts tatsächlich Wesen in ihrem Zimmer sehen (ähnlich dem kleinen Jungen in dem Film *The Sixth Sense*.)

Sie können Ihrem Kind Mut machen und diese Angst beruhigen, indem Sie ihm oder ihr zeigen, wie sie Erzengel Michael (der niedere Energien beseitigt, einschließlich erdgebundener Spirits) und Raphael (der die Emotionen und die Seele heilt, wenn man Angst hat) zu sich rufen können.

Auch meine CD *Doreen Virtue: Chakra Clearing* zeigt, wie Sie sich an Erzengel Michael wenden können, um nachhaltig die Energien in Ihrem Zuhause zu klären. Legen Sie sie einfach in dem Zimmer auf, das geklärt werden soll. Wenn Sie wollen, können Sie hinausgehen und die CD einfach immer weiter spielen lassen. Eltern sagen mir, dass ihre Kinder diese CD lieben.

Hier ist ein äußerst effektives Gebet, das Sie ausdrucken und im Schlafzimmer Ihrer Kinder aufhängen können, damit sie es benutzen können, falls sie Angst bekommen:

> *» Erzengel Michael und Raphael, bitte kommt jetzt zu mir. Bitte beseitigt alle niederen Energien aus diesem Raum und helft mir, glücklich und zufrieden zu sein und keine Angst zu haben. Danke, dass ihr mich und alle anderen in diesem Haus beschützt. «*

Raphael hilft Schulkindern

Während Kinder heranwachsen und in die Schule gehen, ist Erzengel Raphael nach wie vor ihr ständiger Gefährte. Raphael sorgt dafür, dass Schulkinder glücklich, gesund und auf ihre Schularbeit fokussiert sind. Alexandra Laura Payne hat außerdem festgestellt, dass Raphael ihr half, eine wichtige Schulprüfung zu bestehen.

Am Abend vor ihrer Prüfung bekam Alexandra aus heiterem Himmel unerträgliche Migräne-Kopfschmerzen. Ihr Gesicht fühlte sich wie betäubt an, und ihr war übel. Ihr brach kalter Schweiß aus, und jede Bewegung, jedes Geräusch verursachte so große Schmerzen, als würde jemand ihren Kopf durchbohren.

Während sie sich unter einer Decke verkroch, rief sie verzweifelt Erzengel Raphael herbei. Im nächsten Augenblick spürte sie seine sanfte, beruhigende Präsenz neben ihrem Bett. Alexandra fühlte sich, als würde sie auf die allerweichsten, bauschigsten Wolken gehoben. Vor ihrem inneren Auge sah sie Raphaels Hände, wie sie in einer Art streichelnder Bewegung über ihre Stirn und ihr Gesicht fuhren, ungefähr einen Zentimeter über ihrer Haut. Von den Händen des Erzengels strahlte ein herrliches, beruhigendes weißes Licht. Sie konnte physisch fühlen, wie sein Licht ihre Haut berührte.

Alexandra entspannte sich in die Heilung und vertraute Raphael total. Als sie am nächsten Morgen auf dem Weg zur Schule war, fühlte sie sich besser denn je. Sie verspürte nicht die geringste Nervosität und legte die Prüfung mit Bravour ab! Alexandra weiß, dass die Ehre dafür allein Erzengel Raphael gebührt, und sie ist ihm bis heute dankbar. Sie sagt: »Er war an jenem Abend ein echtes Wunder für mich!«

Erzengel Raphael beruhigt den Geist, damit Schüler und Studenten bei ihren Prüfungen klar denken können.

Ein Junge namens Alex machte sich große Sorgen bezüglich einer bevorstehenden Klassenprüfung. Er wusste, dass Angst und Sorgen seine Fähigkeiten beeinträchtigen würden, sich während der Prüfung zu konzentrieren. Also beschloss er, Erzengel Raphael um Hilfe zu bitten.

Alex sagt: »In dem Moment, wo ich mit meinem Gebet fertig war, empfand ich ein sehr intensives Gefühl von Frieden und Ruhe. Meine geistigen Kräfte ließen keinen einzigen Augenblick nach, sondern ich war die ganze Zeit erfüllt von einem großen Vertrauen in meine Fähigkeiten.«

Schüler können jedoch nicht nur Raphael und seine beruhigenden Eigenschaften herbeirufen, sondern auch die beiden »intellektuellen Erzengel«, Uriel und Zadkiel. Erzengel Uriel hilft bei mentalen Funktionen, damit der Verstand scharf und fokussiert ist. Erzengel Zadkiel wird seit jeher als der Engel betrachtet, der das Erinnerungsvermögen stärkt, so dass sich die Schüler an alle notwendigen Daten, Zahlen und Formeln erinnern können.

Hier ist ein wirksames *Gebet* für Schüler, um alle drei Erzengel bei Prüfungen und Tests um Hilfe zu bitten:

> *Lieber Erzengel Raphael, danke, dass du meinen Geist, meine Emotionen und meinen Körper beruhigst, damit ich Vertrauen in meine Fähigkeiten habe und entspannt bin. Lieber Erzengel Zadkiel, danke, dass du mir hilfst, mich problemlos und genau an mein Prüfungsmaterial zu erinnern und an alles, was ich im Unterricht gelernt habe. Lieber Erzengel Uriel, danke, dass du mir hilfst, klar zu denken, die Bedeutung der Prüfungsfragen zu verstehen und in der Lage zu sein, mich zu konzentrieren. Ich danke euch Erzengeln, dass ihr mir helft, diese Prüfung schnell und erfolgreich abzulegen und die besten Noten dafür zu bekommen.*

Im nächsten Kapitel werden wir erfahren, wie Erzengel Raphael unseren Appetit und unser Verlangen nach ungesunden Nahrungsmitteln heilt, damit wir von nun an nur noch das zu uns nehmen, was unserer Gesundheit förderlich ist.

137

Sechstes Kapitel

Ernährung,
Suchtverhalten und Fitness

» Lieber Erzengel Raphael, ich bin bereit, (benennen Sie Ihre Sucht) loszulassen. Bitte durchtrenne meine Schnüre der Angst, die mit dieser Sucht verbunden sind, und erfülle meinen Körper mit deinem liebevollen und besänftigenden smaragdgrünen Licht. Danke, dass du mein Verlangen so beeinflusst, dass ich nur noch gesunde Nahrungsmittel und Getränke zu mir nehmen möchte. Danke, dass du mich von allem schädlichen Verlangen heilst. Mein Herz, meine Seele und mein Körper sind jetzt gänzlich von Liebe erfüllt. «

Wie bei jedem guten Arzt schließen auch Erzengel Raphaels Rezepte seine Empfehlungen für eine gesunde Lebensweise mit ein. Wenn Sie also um Heilung bitten, kann es sein, dass ein Teil der Antwort Raphaels in der intuitiven Führung besteht, sich zu entgiften, von chemischen Zusatzstoffen fernzuhalten, gesund zu essen und regelmäßig Fitness zu betreiben. Glücklicherweise heilt Raphael auch das Verlangen nach Dingen, die uns nicht gut tun, damit Sie in Zukunft ausschließlich lebenserhaltende Nahrung und Getränke zu sich nehmen.

Für mich steht es außer Frage, dass Erzengel Raphael mir geholfen hat, mein Verlangen nach Wein und Schokolade zu überwinden, zwei Substanzen, von denen ich emotional und physisch abhängig war. Ich hatte nicht die Absicht, diese beiden Dinge aufzugeben, doch Raphaels unüberhörbare Führung zeigte mir, dass diese Substanzen die Ursache meiner schweren Kopfschmerzen und Ödeme waren (Anschwellen der Beine etc. durch Wasseransammlung). Raphaels Führung war klar: Ich musste das Verlangen nach diesen Dingen aufgeben, dann würde ich wieder gesund sein.

Doch ich machte mir Sorgen, ob ich den Entzug mit seinem verstärkten Verlangen nach diesen Substanzen ertragen würde. Schließlich war ich an einen täglichen Kreislauf des Konsumierens von Wein und Schokolade gewöhnt. Zuvor war es starker Kaffee gewesen, ohne den ich nicht leben konnte. Doch Raphael hatte, als ich ihn damals um Hilfe bat, auf wundersame Weise mein Verlangen nach Kaffee beseitigt – ohne dass ich ein einziges Mal Kopfschmerzen bekam! Seitdem verspürte ich nie wieder das Bedürfnis nach einer Tasse Kaffee.

Aus diesem Grund vertraute ich Raphael, dass er mich in meinem Beschluss, Wein und Schokolade aufzugeben, voll unterstützen würde. Ich sagte ihm: »Wenn ich diese Substanzen nicht will, wird es mir ein Leichtes sein, sie aufzugeben.« Sobald ich mein Einverständnis erklärt hatte, war Raphael in der Lage, mit meiner freiwillig getroffenen Entscheidung zusammenzuarbeiten und eine Heilung herbeizuführen.

Vor meinem inneren Auge sah und fühlte ich, wie er sich zwischen meinen beiden physischen Augen im Bereich der Hirnanhangdrüse bzw. des »Dritte-Auge-Chakras« zu schaffen machte. Er schien von der Vorderseite meines dritten Auges einen dünnen, nabelschnurähnlichen Fortsatz abzuschneiden. Ich sah Wellen und Funken smaragdgrünen Lichtes – und dann war auch schon alles vorbei.

Seit jenem Tag habe ich nie wieder ein Verlangen nach Schokolade oder Wein gehabt. Als ich mir eines Abends den Film *Chocolat* anschaute, mit all den köstlichen Aufnahmen von schmelzender Schokolade, fürchtete ich, dass mein Verlangen vielleicht zurückkehren würde – doch habe ich es weder damals noch seither jemals wieder verspürt. Für mich war die Beseitigung dieser beiden Süchte ein echtes Wunder. Danke, Erzengel Raphael!

In diesem Kapitel werden wir mehreren Personen begegnen, die Raphael ebenso von ihren schädlichen Süchten geheilt hat, und Sie werden lernen, wie auch Sie, Ihre Familie oder Ihre Klienten von der Hilfe des Erzengels profitieren können.

Heilung von chemischer Abhängigkeit

Ich habe viele Jahre lang als Beraterin und Psychotherapeutin im Rahmen diverser ambulanter und stationärer Suchtprogramme (wie der berühmten *CareUnit*) für Patienten mit Suchtverhalten und chemischen Abhängigkeiten gearbeitet. Ich hatte sowohl mit meinen Patienten als auch für meine eigene Genesung an *Zwölf-Schritte-Programmen* teilgenommen, wie z. B. *Alcoholics Anonymous, Narcotics Anonymous* und *Al-Anon.* Diese Programme sind ein erstaunlich wirksames Hilfssystem für all jene, die bereit sind, ihre Suchttendenzen zu heilen. Ich liebe und schätze die Tatsache, dass das Zwölf-Schritte-Modell auf dem spirituellen Glauben an eine höhere Macht basiert. Die Zusammenarbeit mit Raphael und dem Zwölf-Schritte-Programm ist eine ungeheuer effektive Kombination zur Heilung von Suchtverhalten jeder Art.

Untersuchungen zeigen die Wirksamkeit von Gebeten bei der Reduzierung oder Beseitigung von Suchtverhalten. Im Laufe der Jahre habe ich mit Hunderten von Menschen gesprochen, die mit Erzengel Raphael gearbeitet haben, um ihre Alkohol- und Drogensucht aufzugeben.

Das Gebet am Anfang dieses Kapitels ist äußerst effektiv, wenn es darum geht, das Verlangen nach abhängig machenden Substanzen zu stoppen. Mir ist oft mündlich und schriftlich bestätigt worden, dass diese Art von Gebet Menschen von dem Verlangen nach allen Arten von Drogen und Alkohol geheilt hat. In der Regel führt das Gebet dazu, dass süchtig machende Substanzen Übelkeit hervorrufen, woraufhin der oder die Betreffende die Sucht fortan mit unangenehmen Gefühlen assoziiert.

Genau das ist einer Frau namens Lesley passiert, die zusammen mit Erzengel Raphael daran gearbeitet hat, ihre Marihuana-Sucht zu heilen. Zwölf Jahre lang hatte Lesley täglich mehrmals einen Joint geraucht. Sie benutzte die Droge, um Gefühle im Zusammenhang mit sexuellem Missbrauch in ihrer Kindheit zu betäuben. Außerdem rauchte sie Marihuana, um sich während ihrer Periode entspannen zu können, die sie früher immer nur als stressig empfunden hatte.

Lesley war in der Lage, eine Woche ohne Marihuana auszukommen, doch dann gab es kein Halten mehr und sie suchte so lange, bis sie wieder jemanden fand, der ihr genug für die nächsten Tage verkaufte.

Eines Tages lieh ihr eine Freundin mein Buch *Engel Notruf.* Lesley erfuhr darin von der Hilfe, die verschiedene Engel den Menschen geben, und sah, dass Raphael bei der Überwindung von Suchtverhalten half. Also bat Lesley eines Abends Raphael, ihr zu helfen, das Verlangen nach Marihuana zu überwinden.

Am Nachmittag des nächsten Tages rauchte sie einen Joint und fühlte sich danach hundeelend. Lesley war sich dieser negativen Wirkung bewusst und merkte, dass es sie davon abhielt, sich zu fokussieren, zu konzentrieren, und dass es ihre Energie schwächte. Sie mochte plötzlich das Gefühl nicht mehr, einen »nebligen Kopf« zu haben als Folge des Marihuana-Konsums.

Das war das letzte Mal, dass Lesley rauchte. Seither sind viele Monate vergangen, ohne dass sie ein einziges Mal Verlangen nach Marihuana hatte – im Gegenteil, sie hat nie wieder auch nur daran gedacht. Es ist einfach nicht mehr Teil ihres Lebens. Sie will es nicht mehr und fühlt sich freier als je zuvor!

Lesley sagt: »Ich glaube, dass Erzengel Raphael mir bei jenem letzten Joint gezeigt hat, was Marihuana in Wahrheit mit mir macht und dass das, was ich für Segnungen hielt, nur eine Illusion war. Ich denke, er hat die Droge aus meinem Energiefeld beseitigt, damit ich nicht länger daran denke oder danach verlange. Ich habe keine Schwierigkeiten mehr mit meiner Periode, und ich fühle mich ausgeglichen und zufrieden. Ich glaube, dass er auch diesen Aspekt für mich geheilt hat.«

Erzengel Raphael kann niemals den freien Willen eines Menschen außer Kraft setzen und daher nur Suchtverhalten heilen, wenn der Betreffende geheilt werden *will*. Was darauf schließen lässt, dass der Liebhaber einer Frau (die nur bei den Anfangsbuchstaben ihres Namens genannt werden möchte – SMH) bereit gewesen sein muss, Marihuana aufzugeben, als sie Raphael um Hilfe bat.

SMH hatte gerade mein *Angel-Seminar* in Australien absolviert, was dazu führte, dass sie ihr ganzes Leben nach Bereichen niedriger Energie absuchte. Sie erkannte, dass der tägliche Marihuana-Genuss ihres Partners sie beide energetisch schwächte.

SMH bat Erzengel Raphael, ihren Freund mit heilender grüner Energie zu umgeben, in dem Wissen, dass Engel nicht den freien Willen eines Menschen unterwandern können, doch gleichzeitig hoffend, dass ihr Freund sich seinerseits von den Fesseln der Sucht befreien wollte.

SMH sagt: »Ein Wunder geschah. Am Morgen nach dem Seminar wachte mein Freund auf, um mich davon in Kenntnis zu setzen, dass er gestern seinen letzten Joint geraucht hatte. Einfach so. Wir hatten jahrelang zahllose Auseinandersetzungen und endlose Diskussionen bezüglich seiner Sucht gehabt, ohne dass eine Änderung eingetreten wäre. Jedes Mal hatte er eine Weile mit dem Rauchen aufgehört, nur um bei der erstmöglichen Gelegenheit wieder damit anzufangen. Warum also hörte er jetzt einfach so aus heiterem Himmel auf? Die Antwort liegt in der Macht und Liebe Erzengel Raphaels.«

Wenn sie ihrem Freund auch nichts über ihre Gebete gesagt hat, ist es SMH eine große Beruhigung zu wissen, das Gott und Erzengel Raphael alles tun, um zu helfen, wenn man darum bittet.

Zigaretten und Marihuana führen sowohl zu psychologischer als auch physischer Abhängigkeit. Der oder die Betreffende glaubt, dass sie diese Substanzen *braucht*, um sich zu entspannen und gut zu fühlen. Sie behandeln ihre Emotionen und Energielevel mit Hilfe von Chemikalien.

Ein Mann mit Namen Claudio Moreno fing im Alter von 17 Jahren mit dem Zigarettenrauchen an, weil er glaubte, es würde ihn beruhigen und ihn älter und interessanter erscheinen lassen. Als er zwei Jahre später auf ein College außerhalb der USA ging, fing er außerdem mit dem Marihuana-Rauchen an.

Als Claudio während der Semesterferien seinen Koffer packte, um nach Hause zu fliegen, gab ihm ein Freund eine kleine Statue von Erzengel Michael mit dem Wunsch für eine sichere Reise. Ohne sie einzupacken, stopfte Claudio die Figur achtlos in seinen Koffer. Nach seiner Ankunft war er jedoch überrascht zu sehen, dass die Figur den Flug unbeschadet überstanden hatte. Ursprünglich hatte Claudio beabsichtigt, die Figur zu beschädigen, um eine Entschuldigung dafür zu haben, sie wegzuwerfen.

Die Tatsache, dass die kleine Statue unbeschädigt war, motivierte Claudio, innerlich Gespräche mit dem Erzengel zu führen. Zu Claudios anfänglicher Überraschung und Unglauben reagierte Michael auf viele verschiedene Arten! Claudio empfing das starke intuitive Wissen, dass Michael ihn dazu bringen wollte, nicht mehr zu rauchen, wozu er jedoch nicht bereit war.

Doch kurz nach seinem Collegeabschluss gab ihm eine andere Bekannte eine kleine Figur von Erzengel Raphael, was dafür sorgte, dass er alle Zweifel über die Macht der Engel verlor. Claudio wusste, dass es in Wahrheit Michael war, der ihm Raphael vorstellte.

Zu dieser Zeit rauchte Claudio nach wie vor Zigaretten und Marihuana. Obwohl er erkannte, dass er süchtig war, verspürte er nicht den Wunsch, seine Sucht aufzugeben. Seine Hoffnung, eines Tages nicht mehr rauchen zu wollen, war längst verflogen. Claudio war der Zustand seiner Lungen egal, aber Raphael nicht.

Jedes Mal, wenn das Thema zur Sprache kam, drückte Claudio den Erzengel bei Seite, um seine Führung nicht zu hören. Tief in seinem Inneren wusste er, dass er sich langsam aber sicher selbst umbrachte. Jahrelang Athlet, wusste Claudio, dass er sich dem Punkt näherte, wo er eine Entscheidung treffen musste. Doch diese unausweichliche Entscheidung machte ihm solche Angst, dass er anfing, sich beim Training Verletzungen zuzuziehen. Während der Zeiten, wo er keinen Sport treiben konnte und sich von seinen Verletzungen erholte, stellte Claudio erfreut fest, dass er nicht zwischen Rauchen und Sport wählen musste. Er saß einfach in seinem Zimmer und vertrieb sich die Zeit mit Rauchen.

Doch als er sein Training wieder aufnahm, merkte er, dass er sich immer häufiger verletzte. Das Gleiche galt für Raphaels Warnungen, die auch immer öfter kamen.

Claudio erinnert sich: »Ich wusste, dass er versuchte, mich zu retten, doch ich dachte nur: ›Wenn ich sterben muss, dann soll es eben so sein.‹« Die Zeichen wurden immer eindringlicher. Dann verließ ihn seine Freundin wegen des Rauchens. Doch auch das war ihm egal; tatsächlich rauchte er jetzt noch mehr als früher.

Eines Nachts hatte Claudio einen schrecklichen Albtraum. Er träumte, dass die Sucht seine Familie, seinen Beruf, seine Freunde und sein ganzes Leben zerstörte. Er wachte schweißgebadet auf, holte seinen Vorrat an Marihuana und spülte alles die Toilette hinunter. Dann ging er zurück in sein Zimmer und betrachtete die Erzengel-Figuren. Er fühlte sich total elend aufgrund dessen, was er seinem Körper in all den Jahren angetan hatte. Dann begann er zu weinen und sah Erzengel Raphael an.

Er berichtete: »Ich wusste, dass er da war. Ich konnte ihn fühlen.« Claudio flehte den Erzengel an, seinen Geist und seine Seele zu reparieren, damit er stark genug sein würde, mit dem Rauchen aufzuhören.

In den ersten Tagen betete Claudio viel, und Raphael wich nie von seiner Seite. Claudio hörte, wie Raphael zu ihm sagte: »Du hast Michael, du hast mich. Betäube dich nicht länger, du hast einen Weg vor dir, den du gehen musst.«

Von jenem Moment an überließ Claudio all seine Ängste den Engeln. Er zog sich beim Training keine Verletzungen mehr zu, und seine sportlichen Leistungen wurden zusehends besser. Die nächsten paar Monate fiel es ihm immer leichter, ohne Zigaretten und Marihuana auszukommen, und sein ganzes Leben nahm eine positive Wendung. Mittlerweile hat er mehr Freunde als zuvor und eine neue Partnerin. Claudio sagt: »Ich verdanke mein Leben den Erzengeln Michael und Raphael.«

Heilung von Ko-Abhängigkeit

Wenn Sie einen Süchtigen oder Alkoholiker lieben, werden Sie häufig schwierige Situationen ertragen müssen, die dazu führen können, dass Sie sich selbst die Schuld an dem Sucht-verhalten der geliebten Person geben. Ein Gefühl, das noch verstärkt wird, wenn der Süchtige *Ihnen* die Schuld an sei-nem chronischen Drogen- oder Alkoholmissbrauch gibt, da Menschen im Würgegriff der Sucht selten Verantwortung für ihre Aktionen übernehmen.

Ich selbst bin vor Jahren mit einem Mann verheiratet gewesen, der süchtig nach Alkohol und Marihuana war. Ich kenne daher den Schmerz der Ko-Abhängigkeit aus eigener Erfahrung. Die »Retter« unter uns, die jeden glücklich machen wollen, sind besonders anfällig für die Krankheit der Ko-Abhängigkeit. Doch unser diesbezügliches Verhalten verstärkt in Wahrheit noch die Sucht des geliebten Menschen in einem Prozess, der »Ermächtigung« genannt wird.

Zum Glück gibt es Hilfe in Form der ausgezeichneten internationalen Hilfsgruppe Al-Anon; in Büchern wie *Co-Dependent No More* von Melody Beattle – und von Erzengel Raphael.

Eine Frau namens Jill erhielt Hilfe von dem Erzengel, als sie nach Wegen suchte, um sich von ihrer Ko-Abhängigkeit zu heilen und ihren Mann von seiner Alkoholsucht. Während eines Engel-Readings wurde Jill aufgefordert, die dringendsten Probleme in ihrem Leben nicht länger zu ignorieren. Jill war überzeugt, dass ihr hauptsächliches Problem die Alkoholsucht ihres Mannes war, die täglich schlimmer wurde. Man schlug ihr einige Engel-Bücher vor, und so erfuhr sie von Erzengel Raphael.

Während ihr Mann unterwegs war, um seine Sucht zu stillen, nahm Jill ein Salzwasserbad und meditierte über Erzengel Raphael mit der Bitte, er möge ihr helfen. Jill fiel auf, dass Raphaels Energie sehr friedvoll und beruhigend war und kam zu dem Schluss, dass dieses Gefühl besser war als alle Medikamente, die ein Arzt jemals verschreiben konnte.

Jill bat Raphael, ihren Mann zu heilen. Die Antwort kam umgehend. Sie erinnert sich: »Unglaublich, was alles passierte! Mein Leben wurde so chaotisch, dass ich irgendwann Bitterkeit meinen Engeln gegenüber empfand. Indem ich um Hilfe bat, geriet meine ganze Existenz völlig aus den Fugen. Eine Tragödie nach der anderen suchte uns heim. Doch wenn ich heute zurückblicke, war das Ganze ein Segen. Mittlerweile ist mir klar, dass diese Tragödien passieren mussten, damit mein Mann heilen konnte. Es war ein Weckruf für uns beide.«

Innerhalb von zwei Monaten nach ihrem Hilferuf wurde ihr Mann zweimal wegen Alkohol am Steuer erwischt und verlor beinahe seinen Führerschein; außerdem unternahm er einen Selbstmordversuch.

Jill trennte sich von ihrem Mann, doch sie redeten nach wie vor miteinander. Sie erinnerte ihn daran, sich an seine Engel und Gott mit der Bitte um Führung zu wenden. Auch Jill selbst bat kontinuierlich um Beistand.

Es dauerte nicht lange, und ihr Mann erreichte seinen absoluten Tiefpunkt, als er einen Unfall verursachte und sein Wagen sich mehrmals überschlug. Es war ein Wunder, dass er unverletzt blieb. Jetzt war er noch depressiver als zuvor, doch nach wie vor nicht willens, etwas zu tun, um seine Alkoholsucht loszuwerden.

Jills Gebete wurden beantwortet, als sie sich mit einem Freund traf, einem ehemaligen Süchtigen, der Jill und ihrem Mann ein Programm zur Suchtbekämpfung empfahl. Jill spürte, dass Erzengel Raphael sie zu den richtigen Leuten führte.

Das war der Moment, wo ihr beider Leben sich zum Besseren wandte, und die Heilung der Familie begann.

150

Jill und ihr Mann gingen mehrmals in der Woche zu den Treffen der Gruppe, und sie fanden schnell Freunde dort. Jill glaubt, dass Raphael ihnen half, die richtige Gruppe zu finden. Ihr Mann ist seit Monaten nüchtern, und sie wohnen wieder zusammen. Er ist ein neuer Mensch: Er lacht, das Leben macht ihm Spaß, und er ist froh, seine Alkoholsucht überwunden zu haben.

Jill sagt: »Diese letzten Monate waren die glücklichsten meines Lebens. Und das verdanke ich allein meinen Engeln, und besonders Erzengel Raphael. Ich hoffe, meine Geschichte inspiriert andere Menschen, Raphael um Hilfe zu bitten und das gleiche Glück zu empfangen, das mir zuteil wurde.«

Verstärkter Wunsch nach Fitness

Ich liebe es, zu trainieren – vor allem dieses herrliche Gefühl, das mein Training mir gibt. Wenn ich meine Übungen mache, fühle ich, wie aller Stress wegschmilzt und von Euphorie ersetzt wird. Danach fühle ich mich zentriert, ruhig und bereit, mich allem zu stellen. Ich kann mir ein Leben ohne Fitness nicht vorstellen!

Körperliches Training ist eine gesundheitsfördernde Angewohnheit, die Motivation und ein gewisses Maß an Selbstdisziplin erfordert. Menschen, die viel zu tun haben, eine sitzende Tätigkeit ausüben oder gestresst sind, denken vielleicht, dass sie nicht genug Zeit oder Energie haben, um zu trainieren. Doch wenn Ihre Engel Sie zu physischer Fitness drängen, wird der Himmel Ihnen helfen, die Zeit und Gelegenheit dafür zu finden. Erzengel Raphael weiß, dass Fitnesstraining eine wichtige Komponente physischer, mentaler und emotionaler Gesundheit ist. Daher ist er automatisch bereit zu helfen, indem er Ihnen jede Art von Unterstützung für Ihr Trainingsprogramm gibt… dazu gehört auch, dass er Ihre Motivation und Ihren Wunsch weckt, trainieren zu wollen!

⨋⨋⨋

Darlene betrachtete Fitnesstraining stets als eine Pflicht, der sie sich wann immer möglich zu entziehen versuchte, bis sie eines Tages Erzengel Raphael um Hilfe bat. Beinahe sofort trat eine Veränderung ein, und heute freut sich Darlene jedes Mal auf ihr Training, anstatt sich wie früher davor drücken zu wollen. Auch ihre Ausdauer hat sich verbessert, und heute trainiert sie fünfmal in der Woche anstatt zweimal, wie sie es früher getan hat.

Darlene sagt: »Raphael leitet mich an, mehr Yoga zu machen, und ich sehe bereits die Vorteile. Wenn ich heute zwei oder drei Tage nicht trainiere oder Yoga mache, vermisse ich es und fühle mich nicht mehr so wohl. Wie man sieht, gehe ich heute ganz anders an das Thema heran. Ich weiß einfach, dass Raphael mir bei meinem Training, meiner Ernährungsweise und Gesundheit hilft. Es ist absolut verblüffend zu sehen, wie sehr der Himmel uns entgegenkommt, wenn wir einfach nur um Hilfe bitten.«

⨋⨋⨋

Wenn auch Sie gerne eine größere Motivation bezüglich Fitness hätten, ist dies ein wundervolles Gebet, mit dem Sie den Himmel um Hilfe bitten können:

> *» Lieber Erzengel Raphael, danke, dass du meine Leidenschaft entzündet hast, auf gesunde und kontinuierliche Weise etwas für meine körperliche Fitness zu tun. Danke, dass du mich führst, um ein Trainingsprogramm zu entwickeln, das meinen Interessen, meinem Terminplan, meinen Fähigkeiten und Finanzen entgegen kommt. Danke, dass du mir hilfst, das Trainieren meines Körpers wirklich zu genießen. «*

Eine Ernährungsweise mit hoher Schwingung

Vor langer Zeit sagten mir die Engel, dass alles, was wir essen oder trinken, entsprechende Auswirkungen auf unsere spirituelle und physische Gesundheit hat. Sie lehrten mich, dass jedes Nahrungsmittel und jedes Getränk eine Schwingung hat, die der Körper absorbiert. Nahrung und Getränke mit einer hohen Schwingungen helfen, den Energielevel eines Menschen anzuheben sowie übersinnliche Fähigkeiten zu wecken – und außerdem sind sie gesund.

Lebensmittel und Getränke schwingen entsprechend der »Lebenskraft«, die ihnen innewohnt. Die Lebenskraft zeigt an, wie »lebendig« die Dinge sind, die wir zu uns nehmen. Nahrung und Getränke mit geringer Lebenskraft sind nicht in der Lage, unsere Energie und Gesundheit zu stärken.

Denken Sie an Lebensmittel und Getränke als an etwas, das entweder gesund und energiespendend oder inaktiv ist. Ein Beispiel für lebendige Nahrung ist frisches Obst und Gemüse. Da beides schnell welkt, verliert es seine Lebenskraft und starke Schwingung, bis die Lebenskraft schließlich inaktiv und die Nahrung somit tot ist.

Alles, was unsere Lebenskraft unterstützt, ist von hoher Schwingung, daher hat frisch gepflückte oder geerntete Nahrung, über die gebetet wurde, die höchsten Schwingungen (versuchen Sie einmal folgendes Experiment: nehmen Sie ein Sandwich und halbieren Sie es. Beten Sie nur über der einen Hälfte. Dann vergleichen Sie während der folgenden drei Tage die Frische der beiden Hälften, um zu sehen, wie viel länger das halbe Sandwich frisch bleibt, über das Sie gebetet haben.)

Zu den Prozessen, die die Lebenskraft reduzieren, gehören: Braten, Kochen, Erhitzen in der Mikrowelle, Konservieren, Einfrieren, Gefriertrocknen, Dämpfen und Dörren. Jeder Prozess, der einen Menschen verletzen oder töten würde, wirkt sich in gleicher Weise auf die Lebenskraft von Obst, Gemüse, Nüssen und Getreide aus.

Jedes Nahrungsmittel, das gewaltsam manipuliert wurde, wird diese geringere Energie in sich tragen, und beim Verzehr wird Ihr Körper die niedrige Schwingung absorbieren. Daher produzieren Tiere, die vor allem in der Massentierhaltung nicht artgerecht behandelt oder sogar misshandelt wurden, Fleisch, Eier und Milchprodukte mit geringer Schwingung. Sie können über diese Nahrungsmittel beten, um ihre Schwingungen zu erhöhen, doch ist es viel besser, sich für Tierprodukte aus human arbeitenden Tierhaltungen zu entscheiden.

Auf die gleiche Weise sind Pestizide von extrem niedriger Schwingung, da diese Substanzen benutzt werden, um zu töten. Daher sollten Sie immer Obst und Gemüse aus biologisch-dynamischem Anbau wählen, um sicherzugehen, dass

154

Sie Nahrungsmittel und Getränke mit den höchsten Schwingungen zu sich nehmen. Was frisch gepresste Obst- und Gemüsesäfte betrifft, so verlieren sie innerhalb von dreißig bis sechzig Minuten nach dem Pressen einen Großteil ihrer Lebenskraft. Auch hier verhält es sich so wie bei jedem anderen Lebewesen – stellen Sie sich selbst die Frage, ob etwas Lebendiges in einem Entsafter überleben könnte? Wohl kaum – doch genau das passiert mit Obst und Gemüse.

Also bestehen Mahlzeiten mit der höchsten Schwingung aus frisch geernteten biologisch-dynamischen Früchten, Gemüse, Getreide und Nüssen. Viele Menschen auf dem spirituellen und Gesundheitspfad entscheiden sich für Rohkost, eine Ernährungsweise, über die ich (mit Co-Autorin Jenny Ross) in meinem Buch *ROHKOST: Himmlische Vitalrezepte für Gourmets* (Koha, 2010) geschrieben habe.

Wenn Sie sich also durch intuitive Gefühle oder Gedanken angeleitet fühlen, zu einer überwiegend vegetarischen Ernährungsweise zu wechseln, können Sie davon ausgehen, dass in Wahrheit die Engel zu Ihnen sprechen. Erzengel Raphael und die anderen Engel führen uns zu der gesündesten Lebensweise, die sowohl unsere Lebensaufgabe als auch unsere Gesundheit und unser Glück unterstützt.

Lisa J. Livingston bat Erzengel Raphael, ihr zu zeigen, wie sie mehr in Übereinstimmung mit ihm gelangen und ihre eigenen intuitiven Schwingungen erhöhen kann.

Im nächsten Moment sah Lisa eine Vision, die aus zwei Worten bestand: »Koffein« und »Gluten«. Lisa war süchtig nach koffeinhaltigen Energy-Drinks und glaubte, nicht ohne

Brot und Pasta leben zu können. Am nächsten Morgen nahm Lisa nur eine doppelte Dosis flüssiger Vitamine, eine Mangosteen, viel Wasser und eine Banane zu sich. Sie behielt diese Kombination eine Woche lang bei, und zu ihrer totalen Verblüffung bekam sie trotz des Koffeinentzugs weder nervöse Zustände noch Kopfschmerzen. Heute lebt Lisa koffeinfrei und fühlt sich nach eigener Aussage wunderbar. Auch ihr Verlangen nach Brot und Pasta ist verschwunden, dank Erzengel Raphaels perfekter Hilfe.

Viele Menschen bitten nicht nur aus spirituellen Gründen um Hilfe bei der Verbesserung ihrer Ernährungsweise, sondern auch aus Gründen der Gesundheit. Carol Clausen bat eine Zeitlang jeden Abend Erzengel Raphael darum, ihre Sehkraft zu verbessern, damit sie als Vorschullehrerin arbeiten konnte. Es dauerte nicht lange, bis sie spürte, dass ihr Verlangen nach Fleisch verschwunden war und sie ein ausgeprägtes Verlangen nach einer vegetarischen Ernährung spürte. Heute ernährt sie sich hauptsächlich von Rohkost.

Carol glaubt, dass ihre Gebete ihren Appetit verändert haben und dass Erzengel Raphael ihr geholfen hat, mehr Geld zu verdienen, damit sie sich ohne Probleme biologisch-dynamische Nahrungsmittel leisten konnte. Heute ist sie glücklich als Lehrerin in einer Vorschule tätig, so wie sie es sich erträumt hatte, und sie sagt, dass ihre neue Ernährungsweise ihre Gesundheit verbessert und ihr somit geholfen hat, ihren Traumjob zu bekommen.

Ich habe oft erlebt, wie Veränderungen in der Ernährung ungeheuer positive Veränderungen in der Gesundheit und dem Verhalten der betreffenden Personen bewirkt haben. Es gibt keinen Zweifel: Was Sie essen und trinken, wirkt sich auf Ihre Gesundheit, Stimmung, Langlebigkeit und Ihren Energielevel aus. Als meine Söhne in die Pubertät kamen, ging ich dazu über, ihnen ausschließlich organisches Gemüse zu servieren, und ich war erstaunt zu sehen, dass ihre jungenhafte Aggressivität verschwand. Sie wurden sanftmütiger, weil ich ihnen sanftere Nahrung gab. *Super Size Me* ist ein fantastischer Film, der zeigt, wie Nahrungsmittel sich psychologisch und physisch auf uns auswirken. Ich empfehle Ihnen dringend, sich diese Dokumentation anzuschauen.

Eine Frau namens Melanie Orders wartete schmerzverzerrt auf den Notarztwagen, der sie aufgrund einer Gallenblasenattacke ins Krankenhaus bringen sollte, als sie eine Stimme sagen hörte: »Du wirst okay sein, übe einfach ein bisschen Druck auf den Bereich aus, indem du dich über die Bank lehnst.« Trotz ihrer großen Schmerzen folgte Melanie der Anweisung. »Atme, atme einfach weiter, sie werden gleich da sein«, sagte die Stimme.

Der Notarztwagen kam und brachte Melanie ins Krankenhaus. Wenn sie auch Angst hatte, versicherte ihr die Stimme wiederholt, dass alles gut sein würde. Die Stimme blieb während ihres Krankenhausaufenthaltes immer bei ihr und beruhigte sie. Jeden Abend konnte Melanie eine smaragdgrüne Präsenz fühlen, die heilendes Licht in ihre Gallenblase sandte. Außerdem fing sie an, Fisch anstatt Geflügel zu essen und fühlte sich angeleitet, Ananassaft zu trinken, wenn sie den Wunsch nach etwas Süßem verspürte.

Melanie verlor während ihrer von Erzengel Raphael geführten Diät fast vierzig Pfund. Darüberhinaus wurde ihr durch ein inneres Wissen klar, dass alte, unverarbeitete Wut sich in ihrer Gallenblase festgesetzt und zu den Problemen geführt hatte. Heute arbeitet Melanie als Massage-Therapeutin, um anderen mit Hilfe von Erzengel Raphael zu helfen, angestaute Wut in ihren Körpern loszulassen.

Die Engel-Diät
für vielbeschäftigte Leute

Die Fast-Food-Industrie wurde für Menschen geschaffen, die keine Zeit zum Kochen haben. Wenn sie zu beschäftigt sind, ihre eigenen Mahlzeiten zuzubereiten oder ins Restaurant zu gehen, ist es leichter, im Drive-Thru schnell was Essbares zu erstehen, ohne aus dem Auto steigen zu müssen. Zum Glück hilft Erzengel Raphael vielbeschäftigten Menschen bei dem schwierigen Unterfangen, trotz ihres vollen Terminkalenders die Zeit zu finden, sich gesund zu ernähren.

Natasha Hour hat einen Job, der es mit sich bringt, dass sie häufig im Auto unterwegs ist und in anderen Städten übernachten muss. Da Natasha ihren Job wichtiger nimmt als eine gesunde Ernährung, war ihr bisher nie der Gedanke gekommen, sich selbst etwas Nahrhaftes für die Reise zuzubereiten. Stattdessen ging sie, wenn sie Hunger hatte, in ein Fast-Food-Restaurant und bestellte sich fette Hamburger und ähnliches, die zwar gut schmeckten, sie aber nachher aufgebläht und träge machten. Außerdem begann sie, unter Schmerzen in ihrer rechten Körperseite zu leiden.

Schließlich reichte es ihr, und sie bat Erzengel Raphael, ihr zu helfen, sich besser zu ernähren, wenn sie auch hinzufügte, dass sie nur bereit war, gesündere Dinge zu essen, wenn diese auch gut schmeckten. Beinahe umgehend merkte sie, dass ihr Verlangen nach Quesadilla mit Sauerrahm dem Wunsch nach weniger fettem vegetarischen Essen wich. Sie verlor sogar ihre Lust auf den Geschmack von Hamburgern, was erstaunlich war, wenn man bedenkt, dass Natashas Job sie in Restaurants und Fast-Food-Ketten führt, die auf Hamburger spezialisiert sind!

Stattdessen tendierte sie mehr und mehr zu vegetarischen Hamburgern und ähnlichen Dingen. Früher ein großer Fan von Thunfisch, schmeckt er ihr heute überhaupt nicht mehr. Natasha fand wunderbare, kleine Restaurants, die auf organische Produkte spezialisiert sind. Diese subtile Veränderung in ihrer Ernährung sorgt dafür, dass sie sich nach ihren Mahlzeiten leichter und energiegeladener fühlte.

Natasha sagt: »Eine der besten Nebenwirkungen dieser Erfahrung ist, dass ich mit meiner gesünderen Ernährung die Engel viel besser hören und fühlen kann. Ich bin entzückt darüber, wie das Bitten um Hilfe und die Bereitschaft, Hilfe anzunehmen, eine solch fantastische Veränderung in meinem Leben herbeigeführt hat! Ich danke Erzengel Raphael und all den anderen Engeln von ganzem Herzen für ihre nie nachlassende Hilfe und Bemühungen.«

Nicht nur berufstätige Erwachsene profitieren von den Er-
nährungsratschlägen Erzengel Raphaels, sondern auch Schüler und Studenten, die ebenso häufig der Fast Food-Industrie
(die schamlos ihre ungesunden Waren in den Schulen anbietet) zum Opfer fallen.

Der Unterrichtsplan der fünfzehnjährigen Stevie würde
sogar an Hektik gewohnte Erwachsene auf die Probe stellen:
Aufstehen um sechs Uhr früh, Schule bis halb fünf nachmit-
tags, acht Stunden Sport in der Woche und diverse Vorbe-
reitungsseminare für die Universität.

Die unter Schlafmangel leidende Stevie hatte oft kaum
genug Energie, den Tag zu überstehen. Nachdem sie Erzengel Raphael entdeckt hatte, bat sie ihn, ihre Essensweise zu
steuern und ihr zu helfen, sich gesünder zu ernähren. Sie bat
Raphael ausdrücklich, ihr zu helfen, mehr Obst zu essen,
Wasser anstatt Softdrinks zu trinken und weniger Junk-Food
zu essen. Nachdem sie sich zwei Abende lang an Raphael um
Hilfe gewandt hatte, entwickelte Stevie ein ausgeprägtes
Verlangen nach Orangen und Äpfeln. Früher hatte sie Obst
nie angerührt, und jetzt konnte sie nicht genug davon bekommen!

Stevie sprach weiterhin jeden Abend mit Erzengel Raphael und dankte ihm für all seine Hilfe. Stevies Ess- und
Trinkgewohnheiten änderten sich total, und es ging ihr zusehends besser. Stevie sagt: »In der Schule boten meine Freun-
dinnen mir Schokolade oder Chips an, doch mein Körper

lehnte diese Dinge einfach ab; ich hatte nicht die geringste Lust darauf, was mich überraschte. Meine Mutter hatte wie immer Softdrinks für mich gekauft, doch auch danach hatte ich kein Verlangen mehr. Stattdessen verlangte mein Körper nach Wasser.«

Stevies Energie und Ausdauer nahmen zu, und sie war nicht länger müde, wenn sie morgens aufstand. Ihr ganzes Verhalten wurde fröhlicher und unbeschwerter, was ihre Familie und Freunde erfreut feststellten. Während des ganzen Experimentes wusste Stevie, dass sie einen freien Willen hatte und ihre Entscheidungen jederzeit ändern konnte.

Sie sagt: »Mein Appetit veränderte sich, weil ich Erzengel Raphael erlaubte, mir zu helfen und mich zu den richtigen Entscheidungen zu führen, und ob ich diese Entscheidungen traf oder nicht, war einzig und allein meine Sache.«

Es hat den Anschein, als habe Stevie ihre Freunde und Familie durch ihr positives Beispiel inspiriert, sich gesünder zu ernähren. Auf diese Weise ist Stevie ein Erden-Engel, der Raphaels Botschaft von Gesundheit verbreitet.

❦❦❦

Erzengel Raphael ist ein facettenreicher und vielseitig begabter Heiler, wie wir aus diesen erstaunlichen Berichten ersehen können. Als wahrer Heiler heilt Raphael alles und jeden, der seine Hilfe braucht – einschließlich unserer geliebten Tierfreunde, wie wir im nächsten Kapitel erfahren werden.

Siebtes Kapitel

Haustiere und Tiere allgemein

>> *Lieber Erzengel Raphael, danke, dass du über meine Haustiere wachst, sie heilst und beschützt. Bitte hilf (Name des Haustieres/der Haustiere), vollkommen gesund und glücklich zu sein. Bitte führe mich in meinem Bestreben, die Gesundheit meiner Haustiere zu unterstützen.* <<

Erzengel Raphael hat unbegrenzte Heilungsfähigkeiten. Er kann gleichzeitig bei jedem sein, der um Heilung bittet und dabei jedem individuell helfen.

Soviel zum Thema Multi-Tasking!

Raphael hat die wunderbare Gabe, auch Tieren zu einem sicheren, glücklichen und gesunden Leben zu verhelfen.

Vor einiger Zeit war meine geliebte Katze Romeo auf das Dach unseres Hauses geklettert und weigerte sich, wieder herunterzukommen. Ich musste zu einer Verabredung und war schon spät dran, konnte also nicht alleine für ihre Sicherheit draußen sorgen. Daher bat ich Erzengel Raphael um Hilfe, und innerhalb einer Minute kam Romeo glücklich auf mich zu stolziert und schnurrte genüsslich, als ich ihn ins Haus trug.

Ich habe im Laufe der Zeit Dutzende ähnlicher Geschichten erhalten, die davon erzählen, wie Raphael verloren geglaubte Haustiere schnell und auf unerklärliche Weise wieder zu ihren Besitzern zurückgebracht hat. Eine Frau sagte sogar, dass – nachdem sie Raphael gebeten hatte, ihren verschwundenen Kater wieder nach Hause zu bringen – der Ausreißer an ihrer Eingangstür erschien und aufgrund seiner Körpersprache den Eindruck erweckte, als habe ihn jemand an einer unsichtbaren Leine ins Haus gezogen!

Raphael reagiert besonders schnell auf alle Bitten für seine heilende Unterstützung, egal ob es sich dabei um einen Menschen oder ein Tier handelt.

Steve Wood machte diese Erfahrung, nachdem er seine kleine, fünf Pfund leichte American Hairless Terrierin namens Dandy fand, wie sie sich mit gesenktem Kopf die Seele aus dem kleinen Leib hustete. In der Annahme, ihr sei vielleicht irgendetwas im Hals steckengeblieben, klopfte Steve ihr sanft auf den Rücken. Doch Dandy hustete weiter und schien Schwierigkeiten beim Atmen zu haben.

Also öffnete Steve ihr kleines Schnäuzchen und versuchte, ihr in den Rachen zu schauen, konnte aber nichts finden. Steve hielt ihren Körper so, dass ihr Kopf nach unten zeigte, und klopfte ihr wieder mehrmals auf den Rücken. Doch sie spuckte noch immer nichts aus, während ihr Atem zunehmend flacher und angestrengter wurde. Mittlerweile bekam Steve es mit einer Angst zu tun, die an Panik grenzte. Er war gerade dabei, seine Autoschlüssel zu nehmen und zum nächsten Tierarzt zu fahren, als er sich plötzlich an Erzengel Raphael erinnerte!

Steve hatte schon mehrmals Raphael gebeten, die misshandelten und emotional geschädigten Hunde zu heilen, die in der von seiner Frau gegründeten Organisation zur Rettung verwilderter Tiere aufgenommen worden waren. Steve hatte ein paar unerklärliche und wunderbare Heilungen gesehen. Doch in der Panik des Augenblicks, wo es um seinen eigenen Hund ging, vergaß Steve beinahe, Raphael um Hilfe zu bitten.

Als er Dandy mit beiden Händen hielt, konnte er fühlen, wie angestrengt ihr Atem ging. Die kleine Hündin konnte nur sehr kurze, flache Atemzüge machen und war schon ganz benommen aufgrund des Sauerstoffmangels. Steve flehte: »Raphael, bitte hilf ihr!«

Plötzlich entspannte Dandy sich und begann, wieder normal zu atmen! Sie hustete nicht mehr, und sie spuckte auch nichts aus. Steve saß da und hielt Dandy im Arm, während ihm die Tränen über die Wangen liefen und er sich bei Raphael bedankte!

Klare, unmissverständliche Gebete

So wie in Dandys Geschichte scheint Raphael stets sofort auf Gebete für die Gesundheit eines Haustieres zu reagieren. Ähnlich wie bei den sofortigen Heilungen, die Kindern oft zuteil werden, nachdem ihre Eltern Erzengel Raphael um Hilfe gebeten haben. Diese sofortige Reaktion tritt ein, wenn das Gebet klar, unmissverständlich und inbrünstig ist.

Manche Menschen beten nur mit halbem Herzen für sich selbst, weil sie fürchten, dass sie die Hilfe des Himmels vielleicht nicht verdient haben. Sie haben Angst, nicht »gut genug« gewesen zu sein; bezweifeln, dass es okay ist, Gott mit Bitten zu »belästigen« oder ob sie die Erlaubnis haben, um Hilfe zu bitten.

Doch diese Ängste verflüchtigen sich, wenn sie im Namen eines geliebten Kindes oder Haustieres beten. In diesen Fällen drückt sich ihre Liebe und Fürsorge in einem klaren, selbstbewussten *Gebet* aus, das aus ihrem tiefsten Herzen kommt:

> *» Wir brauchen diese Heilung, und wir brauchen sie jetzt! «*

Für den Fall, dass Sie denken, Heilung von Raphael zu verlangen sei blasphemisch oder respektlos, machen Sie sich bitte bewusst, dass die Engel die wahre Essenz jedes Gebetes erkennen, egal ob es im Zorn, in Trauer, Frustration oder innerem Frieden gesagt wird. Erzengel Raphael besitzt kein Ego und urteilt daher nicht. Er liebt jeden bedingungslos und würde nie ein Gebet unbeantwortet lassen, es jedoch blockieren, falls Ihr freier Wille nicht hundertprozentig um eine Heilung bittet.

Daher sollten Sie bitte bei jedem Gebet dafür sorgen, dass Ihre Gedanken und Gefühle gänzlich übereinstimmen und Sie vollkommen sicher sind, dass Sie die Antwort auf Ihre Gebete wirklich wünschen (und wissen, dass Sie sie verdienen.) Dies sind die Faktoren, die eine umgehende Hilfe sicherstellen.

Hier ist ein *Gebet*, das Sie sagen können, wenn Sie Unterstützung brauchen, um Ihre Gedanken und Gefühle auf die gleiche Wellenlänge zu bringen:

> *Lieber Gott, Erzengel Raphael und Erzengel Michael, ich öffne euch jetzt meine Seele und mein Herz. Danke, dass ihr meine Ängste und Unsicherheiten beseitigt und mir helft zu wissen, dass der Himmel mich liebt und mir seine heilende Gnade zur Erlangung von Frieden und Glück gewähren möchte.*

Die Wirksamkeit von Gebeten für Menschen, Tiere und Pflanzen ist heute auch in der wissenschaftlichen Literatur bestens dokumentiert. Tierversuche sind eine äußerst umstrittene Angelegenheit, da Wissenschaftler im Labor absichtlich Tieren Schaden zufügen, um den Einfluss von Gebeten auf Heilung zu untersuchen. Diese Methode würde bei Studien mit menschlichen Versuchskaninchen nie toleriert werden.

Dennoch sind die Untersuchungen ermutigend. Die zuletzt veröffentliche Tier-Studie dieser Art wurde 2006 an der Loma Linda University durchgeführt, als die Forscher die Wirkungen von Ferngebeten an 22 Affen untersuchten. Die Affen gehörten zur Gattung »Bush Babys« aus Afrika, die auf den Stress des Gefangenseins in Käfigen reagierten, indem sie sich selbst so lange putzten und lausten, bis ihre Haut zu bluten anfing.

Wissenschaftler baten eine erfahrene Gebetsgruppe, für die eine Hälfte der Affen zu beten, und gaben ihnen die Namen der betreffenden Tiere. Um das Resultat der Untersuchung nicht zu beeinflussen, wussten die Affenpfleger nicht, für welche Affen gebetet wurde. Die Affen, für die gebetet wurde, hatten bald messbar kleinere Wunden, verglichen mit den anderen Affen. Darüber hinaus wies die erste Gruppe bei einer Blutuntersuchung vermehrt rote Blutkörperchen und einen höheren Hämoglobinwert auf (beides Anzeichen für gesundes Blut) als die zweite. Die Unterschiede zwischen den beiden Gruppen waren statistisch auffällig, was bedeutet, dass die Wirkungen der Gebete größer waren, als man bei reiner Zufälligkeit erwarten würde.

Als Doppelblindstudie gilt diese Forschung als wichtiger wissenschaftlicher Beweis für die Wirkung von Gebeten, wenn es darum geht, positiven Einfluss auf Gesundheit und Heilung auszuüben.

Eine *Angel*-Therapeutin namens Kate Whorlow bat Erzengel Raphael inbrünstig, das Junge ihrer Katze zu heilen, das kaum in der Lage war zu atmen und sich nicht bewegte.

168

Kates Katze Lily brachte ihr das Junge kurz nach der Geburt. Sie ließ das Kätzchen in ihre Hände fallen, so als würde sie sagen: »Bitte, hilf!« Dann leckte sie ihr Junges hingebungsvoll, doch es reagierte nicht. Die Mutter war noch damit beschäftigt, den Rest ihres Wurfes auf die Welt zu bringen, und brauchte unbedingt Kates Hilfe.

Also flehte Kate Raphael an, das Junge bitte zu heilen und dafür zu sorgen, dass es überlebte. Sie bat Raphael, seine heilende Energie in das Herz und die Lunge des Kätzchens zu schicken, damit sein Herz zu schlagen anfinge und es atmen könnte. Nach ungefähr zehn Minuten begann sich das Junge zu bewegen und dann bei der Mutter zu saugen, die mittlerweile ihr nächstes Junges geboren hatte, das friedlich schmatzte. Kate war sehr erleichtert und dankte Erzengel Raphael für die verblüffende Heilung, die gerade stattgefunden hatte. Sie nannte das Kätzchen Angel, das mittlerweile zu einer kräftigen Katze von fünf Jahren herangewachsen ist.

Kates Gebete waren unmissverständlich, klar und lebensrettend.

Das geschriebene Gebet

Wenn Sie Ihr Gebet aufschreiben oder es aus diesem Buch oder einer anderen Quelle abdrucken, ist es genauso wirksam. Das geschriebene Gebet ist ein Talisman und erinnert uns daran, die Worte wiederholt zu sagen, bis die Antwort entweder in Form einer Heilung erscheint oder als intuitive Führung bezüglich der Schritte, die man unternehmen muss, um das ersehnte Resultat zu erzielen. Ich selbst habe oft ausgezeichnete Resultate erhalten, wenn ich ein Gebet in Form eines Briefes an Gott aufgeschrieben und dann das Papier auf meinem Altar liegen gelassen habe, mit der Schrift nach oben.

Nicola Kimpton schrieb ein Gebet für die Gesundheit ihres Meerschweinchens auf und legte es an eine Stelle, wo sie es immer lesen konnte und sie daran erinnerte, weiter zu beten. Ihr Meerschweinchen Bully röchelte seit einiger Zeit und hatte Probleme beim Atmen. Das Medikament, das ihr der Veterinär verschrieben hatte, half eine Woche lang, doch danach verschlechterte sich der Zustand ihres kleinen Lieblings.

Das war der Augenblick, wo Nicola Erzengel Raphael anflehte, Bully zu heilen. Sie schrieb ein entsprechendes Gebet auf ein Blatt Papier und legte es an eine besondere Stelle, wo sie es jeden Tag sehen konnte.

Während der nächsten paar Tage kam Führung in Form von Gedanken und eines inneren »Wissens«. Indem sie dieser höheren Führung folgte, machte Nicola es Bully so bequem und angenehm wie möglich und verbrachte mehr Zeit mit ihr. Nicola streichelte und beruhigte das Meerschweinchen und setzte ihr ganzes Vertrauen in Erzengel Raphael.

Nach einer Woche hatten Bullys Augen ihren früheren Glanz zurück, und sie fraß wieder ganz normal, so als hätte es nie ein Problem gegeben. Sie war geheilt, und für Nicole war das wie ein Wunder. Bis heute, zwei Jahre später, sind Bully und ihr Meerschweinchen-Gefährte bei bester Gesundheit.

Jeden Tag dankt Nicola Gott und Erzengel Raphael für die Liebe und das Licht, das die kleinen Tiere in ihr Leben bringen.

Wechselseitige Erfahrungen mit Raphael

Die Heilungsenergie von Erzengel Raphael ist so stark, dass jeder, der damit in Berührung kommt, in der Regel Beweise für seine Präsenz sieht oder fühlt. Wie Sie aus den Geschichten in diesem Buch bisher erfahren haben, ruft Raphaels Energie in den Körpern der Person, die er heilt, kribbelnde Gefühle hervor.

Als eine Frau namens Jann Dring Raphael bat, ihren Hund zu heilen, fühlte auch sie die starken Anzeichen von Raphaels außerordentlicher Energie.

Nach einer Kieferoperation bekam Janns vier Jahre alter Malteser, Kye, einen Abszess am Kiefer, was eine Behandlung mit Antibiotika und Umschlägen notwendig machte. Um den Hund davon abzuhalten, an der entzündeten Stelle zu kratzen, legte der Tierarzt ihm einen Kegel aus Plastik um den Kopf. Kye war sehr krank; er wollte weder essen noch trinken und verbrachte die meiste Zeit des Tages damit, in seinem Körbchen zu liegen, kaum einmal den Kopf hebend.

Als Jann ihn streichelte, bat sie Erzengel Raphael, ihren kleinen Liebling zu heilen. Sie bat darum, dass ihr Hund so schnell wie möglich wieder gesund und glücklich sein möge. Jann sagt: »Das war der Moment, wo es in meinem ganzen Körper von Kopf bis Fuß kribbelte. Ich fühlte mich von einer angenehmen Wärme durchströmt und entspannt, und Kye wedelte mit dem Schwanz, erhob sich aus seinem Körbchen und ging zu seinem Fressnapf.«

Kye aß, trank und legte sich wieder zum Schlafen hin. Am nächsten Tag war seine Wunde geheilt, und er rannte vergnügt im Haus herum! Heute, ein Jahr später, hat er nicht einmal eine Narbe zurückbehalten, und Jann weiß, dass der Dank dafür allein Erzengel Raphael gebührt.

Es ist möglich, dass Jann Raphaels heilende Energie gefühlt hat, weil der Erzengel wusste, dass sie gestresst war und sich ihre Seelenlage auf die Stimmung des Tieres übertragen konnte. Außerdem ist Jann ein äußerst sensitiver Mensch, der Energie problemlos fühlen kann, und Raphaels Energie ist *intensiv!*

Tiere fühlen ohne Frage Raphaels Gegenwart. Eine Frau namens Karen hat einen Hund, Oso, der von Geburt an unter physischen Behinderungen leidet. Als Karen Oso zu sich nahm, ging sie nicht davon aus, dass er lange leben würde. Also bat Karen jeden Abend Erzengel Raphael, bei Oso zu sein und ihr zu helfen, trotz seiner physischen Behinderung jeden Morgen und jeden Abend nach draußen zu gehen.

Karen ist aufgefallen, dass Oso jedes Mal nach oben und hinter sich schaut, wenn sie Erzengel Raphael anruft. Karen glaubt, dass Oso Erzengel Raphaels Gegenwart sieht und darauf reagiert.

172

Auch Karen sieht jeden Abend leuchtende grüne Lichter in ihrem Schlafzimmer, für sie der Beweis, dass Raphael ihre allabendlichen Gebete hört.

Wie tief berührend ist es, dass sowohl Karen als auch Jann die Präsenz des Erzengels während der Heilung ihrer Haustiere gespürt haben. Wenn das nicht wahre Liebe ist!

In den letzten sieben Kapiteln haben wir detailliert erfahren, wie Erzengel Raphael alles und jeden heilt, der um seine Hilfe bittet. Er ist der oberste Heilengel.

Im nächsten Kapitel werden wir uns Raphaels andere Spezialität näher anschauen: seine Fähigkeit, Reisende zu führen und zu beschützen.

173

Achtes Kapitel

Raphael,
der Reise-Engel

» Lieber Erzengel Raphael, bitte begleite mich und meine Lieben auf dieser Reise. Bitte sorge im Verlauf der Reise für die Sicherheit, Bequemlichkeit und Gesundheit aller Beteiligten. Ich bitte dich, mich unterwegs mit liebevollen und hilfreichen Personen in Kontakt zu bringen und mir zu helfen, dass auch ich den Menschen zum Segen gereiche, denen ich begegne. Bitte sorge dafür, dass alle Aspekte der Reise problemlos, harmonisch und friedlich verlaufen. Bitte hilf mir bezüglich (nennen Sie spezifische Einzelheiten, bei denen Sie gerne Hilfe in Anspruch nehmen würden). Danke, dass du meine Reisen in jeder Hinsicht überwachst. «

Im *Buch Tobias*, ein deuterokanonischer Text, der von der römisch-katholischen und den orthodoxen Kirchen anerkannt wird, begleitet der Erzengel Raphael (verkleidet als Adliger) Tobits Sohn Tobias auf einer langen und entbehrungsreichen Fußreise. Dank Raphael erlangt Tobias auf seiner Reise Weisheit, gewinnt wertvolle Erfahrungen und findet eine Braut. Seit er Tobias auf seiner Reise begleitet hat, wird Erzengel Raphael als Schutzheiliger der Reisenden betrachtet.

Meine Arbeit als spirituelle Lehrerin hat mich mehrmals um die ganze Welt geführt, und ich danke Erzengel Raphael und Gott dafür, dass sie meine Reisen sicher und friedlich gestaltet haben. Raphael ist der ultimative Reisegefährte, der sich um alle kleinen und großen Details kümmert, da seine Mission darin besteht, für unsere Sicherheit und Gesundheit zu sorgen. Auf diese Weise vermeiden Sie all die stressigen Momente des Reisens, die sich negativ auf Ihre Gesundheit auswirken können.

Vergessen Sie nicht, dass Raphael, genau wie Gott und alle anderen Erzengel und aufgestiegenen Meister, ein grenzenloses Wesen ist. Was ihn in die Lage versetzt, jedem, der ihn darum bittet, gleichzeitig bei den vielen Aspekten einer Reise zu helfen. Raphael weiß, dass viele kleine Stressfaktoren sich zu starken, gesundheitsgefährdenden Belastungen auswachsen können. Daher begleitet er Sie auf Ihrer Reise, um Sie vor unnötigen stressigen Situationen zu bewahren. Er ist der himmlische Gepäckträger!

Doch kann Raphael aufgrund des freien Willens des Menschen nur intervenieren, wenn Sie ihm die Erlaubnis geben zu helfen. Daher ist es eine gute Idee, vor Beginn jeder Reise Erzengel Raphael direkt anzusprechen, wie zum Beispiel mit dem Gebet am Anfang dieses Kapitels.

Ich selbst habe Raphael viele Male gebeten, mir bei kleinen und großen Reisedetails zu helfen! Nach einem langen Flug ist das Letzte, was ein Reisender hören will, die Information, dass das gebuchte Hotelzimmer nicht verfügbar ist. Ich habe schon in diversen Lobbys vor der Rezeption gestanden und mit der Rezeptionistin gesprochen, während ich gleichzeitig ein stilles Gespräch mit Erzengel Raphael führte. Und jedes Mal hat Raphael meine Erwartungen bei Weitem übertroffen und dafür gesorgt, dass alles reibungslos verlief.

Wir wünschen einen angenehmen Flug

In seiner Arbeit als Flugbegleiter erfährt Philippe Slimbroek jeden Tag, wie Erzengel Raphael auf Bitten um Hilfe antwortet. Philippe nimmt vor jedem Flug den Kontakt mit Erzengel Raphael und seinen persönlichen Schutzengeln auf. Er visualisiert die Engel, wie sie das Flugzeug mit weißem und grünem Licht umgeben. Dies gibt ihm ein Gefühl der Sicherheit, und er weiß, dass jeder an Bord in guten Händen ist.

Am häufigsten fliegt Philippe nach Afrika. Auf diesen Routen herrschen oft schlechte Wetterbedingungen, was die Passagiere verstört. Doch seit er mit Erzengel Raphael und den anderen Engeln arbeitet, wurde jede Turbulenz schnell überwunden und jegliche Konfrontation mit einem Passagier in Nullkommanichts beigelegt!

Philippe hat auf seinen Flügen noch nie eine unsichere oder gefährliche Situation erlebt, was in seinen Augen der beste Beweis für die fürsorgliche Energie von Erzengel Raphael ist. Philippe sagt: »Egal ob Sie Flugbegleiter, Geschäftsreisender oder Tourist sind, in jedem Fall würde ich raten, vor Antritt Ihrer Reise Erzengel Raphael und Ihre persönlichen Schutzengel anzurufen, um Sie zu beschützen und dafür zu sorgen, dass Sie einen angenehmen Flug haben.«

Wer außer mir würde sich nicht auch wünschen, Philippe als Flugbegleiter auf Ihrem nächsten Flug zu haben?!

Raphael während einer Flugturbulenz anzurufen, so wie Philippe es tut, ist äußerst effektiv, und auch ich habe mich in solchen Situationen schon oft an den Erzengel gewandt. *Natürlich* wollen Engel Turbulenzen beruhigen, sowohl um unsere Sicherheit zu gewährleisten als auch gesundheitsraubenden Stress zu minimalisieren!

Wenn der Pilot durchgibt, dass die Flugbegleiter ihre Sitze einnehmen und sich alle aufgrund bevorstehender Turbulenzen anschnallen sollen, fällt mir immer Louise Hays berühmte Affirmation ein: »Das mag für dich stimmen, aber nicht für mich!«

Dann bitte ich Erzengel Raphael und seine ihn begleitenden Engel, das Flugzeug perfekt zu stabilisieren. Vor meinem inneren Auge kann ich die Engel sehen, wie sie mit ihren Rücken und Händen den Bauch und die Tragflächen des Flugzeugs stützen. Und jedes Mal meldet sich der Pilot bald wieder und sagt: »Okay, Leute, es sieht so aus, als könnten wir das Unwetter umfliegen, daher schalte ich das Anschnallzeichen wieder aus.« Das ist der Augenblick, wo ich zu Raphael und den anderen Engeln sage: »Danke!«

Christina M. Antonetti war von Haus aus eine sehr ängstliche Passagierin, die am liebsten überhaupt nie geflogen wäre. Als die Maschine auf einem Flug von Barbados nach New York stark zu rütteln begann, klammerte Christina sich mit der einen Hand an der Armlehne ihres Sitzes und mit der anderen an der Schulter ihres Mannes fest. Sie war vor Angst wie von Sinnen und wusste nicht, wie sie die verbleibenden sechs Stunden dieses turbulenten Flugs überstehen sollte.

Innerlich rief Christina voller Verzweiflung Erzengel Raphael herbei und bat ihn, bitte unter das Flugzeug zu gehen, es für den Rest des Fluges gerade zu halten und dafür zu sorgen, dass es sanft und sicher auf der Landebahn in New York aufsetzt. Vor ihrem inneren Auge hielt sie eine klare Vision von Erzengel Raphael unter dem Flugzeug aufrecht, wie er mit nach oben gestreckten Armen das Flugzeug im Gleichgewicht hielt.

Diese Vision beruhigte nicht nur ihre Angst, sondern sie merkte, dass die Turbulenz im nächsten Moment vorbei war! Tatsächlich war dies – abgesehen von den paar turbulenten Momenten zu Beginn – der ruhigste Flug, den sie jemals erlebt hatte, und die butterweiche Landung war perfekt! Bevor Christina die Maschine verließ, dankte sie innerlich Erzengel Raphael und fühlte, wie sich ein warmes Lächeln auf ihrem Gesicht ausbreitete.

Nie mehr Verspätungen!

Falls Sie jemals unerwartete Verspätungen beim Reisen erlebt haben, wissen Sie, wie frustrierend das sein kann. Und
wenn die Zeit zu Ihrem Anschlussflug knapp bemessen ist,
bedeutet eine Verspätung unter Umständen, dass Sie Ihren
Flug verpassen. Glücklicherweise kann Erzengel Raphael alle
Schwierigkeiten bezüglich Ihres Reisefahrplans ausbügeln.

Die Ausnahme wäre, wenn die Verspätung Ihrer Sicherheit
dient (wenn zum Beispiel ein Mechaniker Zeit braucht, um
das Flugzeug zu reparieren; oder Sie einen Autounfall vermeiden, weil Sie ein paar Minuten später losfahren.) Sie wissen, dass es sich in diesen Fällen um eine »göttliche Verspätung« handelt, wenn Sie in Ihrem Inneren eine große Ruhe
spüren, nachdem Sie Raphael um Hilfe gebeten haben. Diese
Ruhe wird Ihnen die nötige Geduld und andere Voraussetzungen bringen, die Sie brauchen, um Ihr Ziel sicher zu erreichen.

Als Elizabeth Pfeiffer während eines starken Unwetters das
Haus verließ, um mit dem Auto zur Arbeit zu fahren, war sie
bereits spät dran. Es machte ihr nichts aus, im strömenden
Regen zu fahren, doch der heftige Donner und die hellen Ex-
plosionen der Blitze, die über den Himmel schossen, machten Elizabeth nervös. Sie ging zurück und wollte auf der Ver-
anda vor ihrem Haus warten, bis sich das Unwetter legte.

Andererseits musste sie sofort losfahren, wenn sie nicht zu
spät zur Arbeit kommen wollte, also nahm sie einen Schirm
und spurtete erneut zu ihrem Auto. Bevor sie den Motor star-

tete, bat Elizabeth Erzengel Raphael, sie auf der Fahrt zu beschützen. Das war der Moment, wo sie eine Stimme hörte, die sich gleichzeitig wie ein Gedanke in ihrem Kopf anfühlte und die sagte: »Warte.« Dieser Botschaft folgte eine zweite: »Warte fünf Minuten.«

Die Botschaft war so eindringlich, dass Elizabeth beschloss, dieser Führung zu vertrauen, auch wenn sie dadurch zu spät zur Arbeit kommen sollte. Also wartete sie, doch der Sturm ließ nicht nach, und je länger sie wartete, desto schlimmer wurde er. Doch innerhalb von fünf Minuten, wie die Engel versprochen hatten, hörte das Donnern und Blitzen plötzlich auf und auch der Regen ließ nach.

Als Elizabeth sich schließlich auf den Weg machte, sah sie, dass einige Strecken entlang des Highways total überflutet waren, und sie war umso glücklicher, der Führung gefolgt zu sein. Sie kam nicht nur sicher an ihrem Arbeitsplatz an, sondern erstaunlicherweise auch noch pünktlich!

Elizabeths Geschichte ist ein wundervolles Beispiel einer göttlichen Verspätung, die dafür sorgte, dass sie in Sicherheit war. Solange es Ihre Sicherheit nicht gefährdet, wird Erzengel Raphael jegliche Verspätungen rückgängig machen, die während Ihrer Reise aufzutreten scheinen, wie Gérald Ostiguy feststellte.

Gérald war auf dem Weg zum Flughafen in Toronto, um einen Flug nach Quebec zu bekommen, wo er wohnte, als er einen Anruf der Airline erhielt, wo ihm gesagt wurde, dass die Maschine verspätet war. Man hatte ihn auf eine spätere Maschine umgebucht, was bedeutete, dass er erst lange nach Mitternacht zu Hause ankommen würde.

Müde von der Reise, bat Gérald Erzengel Raphael um Hilfe, damit er zum geplanten Zeitpunkt zu Hause sein konnte. Dann rief Gérald die Airline noch einmal an, und sie gaben ihm tatsächlich einen Sitz auf einem Flug nur 15 Minuten später als der ursprünglich geplante! Er wusste, dass diese Gelegenheit von Raphael kreiert worden war, und Gérald dankte dem Engel von ganzem Herzen.

Auch ich habe Raphael in ähnlichen Situationen angerufen. Ein paar Mal kam es vor, dass ich einen Flug zu dem kleinen Flughafen erwischen wollte, der in der Nähe meines Hauses liegt und schon früh am Abend schließt. Ein verspäteter Abflug würde bedeuten, dass die Maschine auf einem größeren und weiter entfernten Flughafen landen müsste. Beide Male bat ich Raphael, unsere Maschine bitte sicher zu führen und rechtzeitig auf dem kleinen örtlichen Flughafen landen zu lassen. Und beide Male erwies sich Raphael als der unübertreffliche Champion, der er ist.

Darüberhinaus hilft Raphael auch bei der Einhaltung von Zeitplänen bezüglich anderer Formen des Transportes! Wenden Sie sich an ihn, um sicherzustellen, dass Ihr Zug, Bus, Auto, Schiff oder sonstiges Vehikel sicher und rechtzeitig ankommt. Doch vergessen Sie nicht, dass es für alles ein göttliches Timing gibt und dass manchmal, wenn Sie glauben, zu

spät zu kommen, dies in Wahrheit aus einem guten Grund
geschieht. Wenn Sie also beim Autofahren in einen Ver-
kehrsstau geraten, affirmieren Sie kontinuierlich, dass Sie
genau zum richtigen Zeitpunkt an Ihrem Ziel ankommen
werden. Und entweder werden Sie tatsächlich pünktlich ankommen, oder die Umstände werden dafür sorgen, dass Ihre
verspätete Ankunft für alle Beteiligten besser ist. Vertrauen
Sie einfach.

⚭⚭⚭

Als Tanya Snyman von Südafrika in die USA flog, um an
meinem *Angel Practitioner-Kurs* teilzunehmen, erlebte sie
unterwegs aus erster Hand Erzengel Raphaels Hilfe für Reisende.

Auf Londons Flughafen Heathrow angekommen, graute
es Tanya vor dem Gedanken, in der langen Schlange der
Economy-Passagiere warten zu müssen, also bat sie Erzengel
Raphael um Hilfe bei dieser Angelegenheit. Als sie sich dem
Check-in-Bereich näherte, wurde sie von einer lächelnden
Angestellten der Fluggesellschaft an den Business-Schalter
verwiesen, wo man ihr einen Upgrade gab, ohne dass Tanya
darum gebeten hatte (abgesehen von der Bitte an Raphael.)

Nach diesem Erlebnis vertraute sie noch mehr der Hilfe
Raphaels. Am nächsten Tag auf dem Weg zu meinem Seminar wurde Tanya an der Rezeption ihres Hotels aufgehalten.
Sie fürchtete, den stündlich verkehrenden Shuttle-Bus nicht
zu kriegen und gleich am ersten Tag zu spät zu meinem Seminar zu kommen – ein Gedanke, der ihr sehr unangenehm war.

Tanya nahm diesen Gedanken und verwandelte ihn in ein
Gebet. Sie bat Erzengel Raphael, zu intervenieren und ihr zu

helfen. Nachdem sie diese Bitte innerlich geäußert hatte, sagt Tanya: »Es war, als hätte jemand die Zeit angehalten. Ich kriegte den Bus und hatte sogar noch Zeit übrig!«

Wenn Tanya sagt, dass Raphael die Zeit angehalten hat, war das keine rhetorische Bemerkung. Raphael und die anderen Engel können buchstäblich die Zeit anhalten, wenn Sie sie um ihre Hilfe für eine sichere und pünktliche Reise bitten. Der Schlüssel ist, um Hilfe *zu bitten*, alle Ängste, Sorgen oder Unglauben über Bord zu werfen und für den Rest Ihrer Reise nicht mehr auf die Uhr zu schauen. Sie werden genau zum richtigen Zeitpunkt ankommen.

Hilfe bei Heilung und Reisen

Da Erzengel Raphaels Spezialitäten Gesundheit und Reisen sind, macht es Sinn, wenn er seine Talente kombiniert, sollte ein Reisender krank werden. Reisen haben ihre eigenen, einzigartigen Herausforderungen und sind schon stressig genug, wenn man gesund ist. Also brauchen Sie besonders viel Energie und eine positive Einstellung, um die Reise zu genießen. Wenn Sie jedoch unterwegs eine Energie- oder Wohlfühlspritze brauchen, bitten Sie einfach Erzengel Raphael um Hilfe, so wie Kim Turton es getan hat, als ihr Sohn auf einer Ferienreise in Mexiko erkrankte.

Kim war zu Hause in Kanada, als mich ihr 26jähriger Sohn aus Mexiko anrief und sagte, er habe eine schwere Erkältung, die während der nächsten paar Tage immer schlimmer werden sollte. Als er mich anrief, damit ich seiner Mutter Bescheid sagte, konnte Scott kaum gehen, und er wollte nur noch nach Hause.

Voller Sorge, dass ihrem Sohn ein sehr unangenehmer Flug nach Kanada bevorstehen könnte, setzte Kim sich hin und bat Erzengel Raphael, Scott bitte zu helfen, seinen Flug zu erreichen und ihn sicher in Kanada landen zu lassen. Außerdem bat sie Raphael, ihren Sohn in eine warme Decke grünen Heilungslichtes einzuwickeln und ihn heil nach Hause zu bringen.

Am nächsten Tag holte Kim Scott am Flughafen ab. Er sah großartig aus und sagte, er fühle sich wieder bestens. Kim wusste, dass Erzengel Raphael tatsächlich ihr Gebet gehört und sich wirklich wunderbar um ihren Sohn gekümmert hatte.

Egal wie alt unsere Kinder sind, sie sind nach wie vor unsere Babies, und Sie können Raphael jederzeit für alle Ihre Kinder anrufen, egal wie jung oder erwachsen sie sind.

Wenn Sie Raphael herbeirufen, damit er Ihnen auf Ihrer Reise hilft, ist es eine gute Idee, ihn gleichzeitig mit einem *Gebet* wie diesem zu bitten, Ihre Gesundheit zu schützen:

» Lieber Erzengel Raphael, danke, dass du über meine Reise wachst und mich und alle Beteiligten sicher, beschützt und gesund erhältst. Bitte sorge dafür, dass ich auf dieser Reise eine hohe Energie habe, eine positive Sichtweise und Geduld. Ich bitte dich, mich klar anzuleiten, wie ich am besten das Wohlergehen meines Körpers gewährleisten kann. Danke, dass du meine Gesundheit schützt und dafür sorgst, dass ich stark bin und es mir in jeder Hinsicht gut geht. «

Für Nicholas Davis schien Raphael Überstunden zu machen, als er ihm sowohl zu einem Platz auf einem Flug verhalf als auch zu seiner Genesung von einer Krankheit.

Nicholas freute sich, seine Familie in Griechenland besuchen zu können, als im Rahmen einer politischen Wahlkampagne verbilligte Flugtickets für Griechen angeboten wurden, die ihre Stimme zu Hause abgeben wollten. Nicholas studierte zu der Zeit in Deutschland, und er bestellte acht Tickets für sich und seine Freunde. Er hatte sich noch nicht völlig von einer kurz zuvor eingetretenen Krankheit erholt und dachte, dass ein Besuch zu Hause heilend sein würde.

Doch als Nicholas die Flugtickets abholen wollte, gab man ihm die Tickets für seine Freunde, doch für ihn hatte man keins! Der Beamte konnte diesen Irrtum nicht erklären, und ebenso wenig konnte er Nicholas helfen, ein Ticket zu reservieren, da alle Flüge in dieser Woche ausgebucht waren.

Nicholas war verzweifelt! Das Einzige, was er jetzt noch tun konnte, war – beten! Also betete er aus ganzem Herzen und ganzer Seele zu Gott, Erzengel Raphael, Mutter Maria und allen Heiligen, ihm bitte zu helfen, nach Hause zu seiner Familie zu kommen.

Gegen vier Uhr morgens klingelte sein Telefon. Als Nicholas den Hörer abnahm, hörte er lärmende Geräusche im Hintergrund und dann seinen Namen, und dass er in fünf Stunden am Flughafen sein müsse, um seine Maschine nach Athen zu kriegen!

Nicholas fragte den Anrufer, wie das sein konnte, da er doch kein Ticket hatte. Das einzige, was der Mann sagte, war: »Bitte, ich kann es nicht erklären. Sie stehen auf meiner Liste, und ich musste Sie anrufen, um Sie wissen zu lassen, dass Sie auf den Morgenflug nach Athen gebucht sind. Wenn Sie zum Flughafen kommen, gehen Sie bitte sofort zur Abfertigung, nennen Sie Ihren Namen, und man wird Ihnen Ihr Ticket aushändigen.« Dann legte der Mann auf.

Nicholas weiß bis heute nicht, wie er zu diesem Ticket gekommen ist. Niemand bei der Fluggesellschaft konnte ihm eine Erklärung geben. Mit Sicherheit weiß er nur, dass die Heiligen gemeinsam mit Erzengel Raphael und Jungfrau Maria seinen Wunsch erfüllten und er eine wunderbare Zeit mit seiner Familie in Griechenland verbringen konnte.

Außerdem wurden seine physischen Probleme geheilt, und er erholte sich schneller, als er es je für möglich gehalten hätte! Nicholas sagt: »Mit der Hilfe der Engel ist das Leben so gesegnet und leicht!«

Wer war also der mysteriöse Anrufer, der Nicholas zu einem Ticket nach Athen verhalf? Ich glaube, es war ein Engel. Ich habe im Laufe der Jahre viele ähnliche Geschichten gehört und bin zu dem Schluss gekommen, dass Engel sich besonders um Flugreisende kümmern, nicht zuletzt wegen des hohen Stresslevels und der Risiken, die mit dieser Form des Transportes einhergehen.

Die Geschichte von Nicholas ist ein wundervolles Beispiel für Gebete, mit denen Gott, Erzengel Raphael, Jungfrau Maria und andere himmlische Wesenheiten angerufen werden können. Ich bin oft nach dem Prinzip vorgegangen: »Je mehr, desto besser«, wenn es darum ging, vertrauenswürdige Erzengel und aufgestiegene Meister um Hilfe zu bitten.

Wenn Ihre religiösen und spirituellen Präferenzen mit Jesus, einem/einer bestimmten Heiligen oder Gottheit zu tun haben, ist es eine gute Idee, zusätzlich zu Erzengel Raphael auch alle anderen um Hilfe zu bitten.

Erzengel Raphael schenkt allen Menschen seine volle Aufmerksamkeit, die seine Hilfe brauchen. Seine Rezepte sind immer individuell auf die jeweilige Person zugeschnitten, und er hilft auf der Stelle, so lange Sie ihn darum bitten und bereit sind, seine Hilfe anzunehmen.

∞∞∞

Lisa Laffargue brauchte unbedingt Raphaels Hilfe, als eine Verletzung ihre Ferienreise zu ruinieren drohte. Lisa und ihr Mann bereiteten sich auf einen Flug nach Paris vor, um über Weihnachten seine Familie zu besuchen, als sie sich den Rücken verrenkte und zu Boden fiel. Lisa konnte sich nicht bewegen, und der Schmerz war so unerträglich, dass sie fürchtete, ihr Rückgrat gebrochen zu haben.

Lisa weinte vor Schmerz und Angst, ihren Flug nach Frankreich am nächsten Tag nicht wahrnehmen zu können.

Also bat sie Erzengel Raphael inbrünstig um Hilfe, indem sie sich vorstellte, wie sein smaragdgrünes Licht sie einhüllte und ihrem unteren Rückenbereich heilende Energie sandte. Obwohl sie am nächsten Morgen immer noch Schmerzen hatte, gab sie ihren Glauben nicht auf.

Lisa wandte sich erneut an Erzengel Raphael, und plötzlich spürte sie ein flatterndes Gefühl über ihrem unteren Rücken. Sie wusste, dass dies etwas Außergewöhnliches war und anzeigte, dass der Erzengel sie heilte. Dann stand Lisa vorsichtig auf und machte ein paar Schritte. Sie hatte zwar immer noch Schmerzen, doch ihre Knie gaben nicht nach, und der Schmerz war auch nicht mehr so stechend wie zuvor.

Lisa sagt: »Ich kann nur sagen, dass das Ganze ein Wunder war und ich meine Heilung dem herrlichen und liebreizenden Erzengel Raphael verdanke! Er stellte mich so weit wieder her, dass ich mit meinem Mann nach Frankreich fliegen und Weihnachten mit seiner Familie verbringen konnte!«

Ist es nicht gut zu wissen, dass auf Reisen Erzengel Raphael immer an Ihrer Seite ist? Welch unglaubliche Ehre, Raphael als Reisegefährten bei uns zu haben!

Und natürlich ist Raphael in jeder Situation unseres Lebens bei uns, und überall um uns herum gibt es Beweise für seine kontinuierliche Präsenz – wir müssen nur auf die Zeichen achten, wie wir im nächsten Kapitel näher erforschen werden.

Neuntes Kapitel

Zeichen von Raphael

> *» Lieber Erzengel Raphael, bitte schicke mir klare Zeichen, die ich problemlos erkennen und verstehen kann, damit ich um deine Anwesenheit weiß und deine Führung bezüglich meiner nächsten Schritte empfangen kann. Danke.«*

Jedes Mal, wenn Sie Raphael um Hilfe bitten, ist er da. Der heilende Erzengel ist weder scheu noch subtil, wenn es darum geht, seine Gegenwart kundzutun. Er *möchte*, dass wir wissen, dass er bei uns ist, da dieses Wissen uns beruhigt, tröstet und sich stressmindernd auf dem Weg zu einer schnellen Genesung auswirkt.

Darüber hinaus legt Raphael bei seinen Hilfsaktionen zuweilen einen herrlichen Sinn für Humor an den Tag. Eine dieser Situationen, die mich immer wieder zum Lächeln bringt, ist Raphaels Gewohnheit, Bücher aus Regalen zu schubsen.

Viele Menschen berichten, dass sie zu Hause Bücher fanden, die sie nie gekauft hatten; oder dass sie in ihrem Einkaufswagen ein Buch über Heilung entdecken, das sie nicht

191

hinein gelegt hatten. Vor vielen Jahren habe ich eines Tages in einem Lebensmittelladen eine vielbenötigte Affirmations-Kassette gekauft, die ich in einem Container mit Sonderangeboten fand. Weder zuvor noch danach habe ich jemals in diesem Container eine weitere Affirmations- oder metaphysische Kassette gefunden. Er wurde immer nur mit alten Musikkassetten aufgefüllt!

～～～

Auch Joanna Caccamo erlebte, wie Raphael ein Buch aus ihrem Regal fallen ließ, um sie seiner heilenden Gegenwart zu versichern.

Joanna war in einen anstrengenden Scheidungsprozess verwickelt, und es schien, als würde sie alles verlieren, was ihr am Herzen lag. Als der Stress sich auf ihre Gesundheit auszuwirken begann, fragte sie sich eines Abends, welchen Erzengel sie wohl um Hilfe bitten sollte. Dann schlief sie ein.

Als sie wieder aufwachte, fand sie ein Buch, das aus ihrem Regal gefallen war. Es lag mit einer nach oben aufgeschlagenen Seite an einer Stelle, die sie von dort, wo sie stand, nicht sehen konnte. Als Joanna hinüberging und das Buch aufhob, war sie verblüfft zu sehen, dass die ganze Seite von Erzengel Raphael handelte! Also bat sie umgehend Raphael, seine heilende Energie zu senden. Vor ihrem inneren Auge sah Joanna ein wunderschönes grünes, pinkfarbenes und goldenes Licht, das sie umgab und alles in ihrem Gesichtskreis einhüllte.

Das Licht, das Joanna sah, ist ein Beispiel für das am weitesten verbreitete Zeichen von Erzengel Raphael. Er strahlt so hell, dass Menschen mit ihren physischen Augen Blitze oder Funken seines smaragdgrünen Lichtes sehen können.

⁂

Yolanda Mendez sah Raphaels grünes Licht, zusammen mit der für Erzengel Michael typischen violetten Farbe, als sie sich mit der Bitte um Hilfe an beide Erzengel wandte.

Es war der Geburtstag ihrer Enkelin, doch Yolanda fühlte sich krank und fürchtete, nicht an der Geburtstagsfeier teilnehmen zu können, was sie aber unbedingt tun wollte. Also beschloss sie, Erzengel Raphael und Erzengel Michael gemeinsam um eine Heilung zu bitten.

Ein paar Momente später öffnete Yolanda ihre Augen und sah einen leuchtenden Glorienschein von strahlend violetter und smaragdgrüner Farbe, der wie zwei bunte Wolken ungefähr anderthalb Meter über ihrem Körper schwebte. Dann bewegten die bunten Wolken sich näher zu ihrem Hals und ihrer Brust, bevor sie hinunter zu ihren Füßen und dann wieder zu ihrem Hals schwebten.

Yolanda fühlte sich während der gesamten Session sehr entspannt, ruhig und geliebt in dem Wissen, dass es Erzengel Raphael und Michael waren, die über ihren Körper wachten und ihn heilten. Das Ganze dauerte ungefähr 15 Minuten, und danach ruhte sie sich noch weitere 15 Minuten lang aus. Als Yolanda schließlich aufstand, war sie voller Energie und in der Lage, die Geburtstagsfeier zu genießen.

⁂

Raphael weiß, dass Sie sich umgehend entspannen und besser fühlen werden, wenn er durch sein schimmerndes grünes Licht seine Anwesenheit bezeugt. Der heilende Erzengel strahlt hell, vor allem wenn er bei Ihnen oder einem Ihrer

Familienmitglieder eine Heilung vornimmt. Dieses grüne Licht übt eine beruhigende Wirkung auf jeden in der Umgebung aus. Sie können das grüne Licht auch herbeirufen, indem Sie es um eine Person oder einen bestimmten Bereich des Körpers herum visualisieren, der Heilung braucht.

Wie ein gütiger und fähiger Arzt versichert Raphael Ihnen, dass alles gut sein wird. Er verscheucht Ihre Ängste mit seiner beruhigenden Energie und indem er Ihnen zeigt, dass er immer in der Nähe ist.

⊚⊚⊚

Eine Frau namens Faith brauchte dringend Raphaels beruhigende Gegenwart, als Probleme mit ihrer Schwangerschaft auftraten und sie wusste, dass sie ihren ungeborenen Sohn Luke verlieren würde.

Faith visualisierte seine kleine Seele, wie die Engel sie in den Armen hielten. Sie legte ihre Hände auf ihren Bauch und bat die Erzengel Raphael und Michael, ihr Ungeborenes auf seiner Reise zurück zu Gott zu begleiten.

Als Faith nach dem Verlust aus der Narkose erwachte, spürte sie sofort ein starkes Gefühl himmlischen Friedens, das den ganzen Tag anhielt. Außerdem fühlte sie Erzengel Raphael und Michael in ihrer Nähe.

Faith sagt: »Der Frieden, den ich gefühlt habe, war ein Geschenk der Engel, um mich wissen zu lassen, dass Luke heil in den Himmel zurückgekehrt war. Ich wusste einfach, dass er in den Armen der Engel war.«

Als ihr Mann und sie vom Krankenhaus nach Hause fuhren, hörten sie im Radio den Song »Angel« von Sarah MacLachlan. Als sie die Worte »In the arms of the angels« sang, dankte Faith Erzengel Raphael und Michael dafür, dass sie ihren Sohn gehalten und beschützt hatten.

Faith erhielt ihr Zeichen auf dem Weg übers Ohr, was genau das Richtige war, weil sie die Worte »in den Armen der Engel« hören musste, um sicher zu sein, dass Luke in den Himmel zurückgekehrt war. Raphael und die anderen Engel tun ihre Anwesenheit häufig kund, indem sie sie durch Musik hinaustrompeten.

Raphaels Name

Raphael kennt keine Scheu, wie Sie anhand dieser Geschichten und hoffentlich durch Ihre eigenen Erfahrungen mit ihm festgestellt haben. Er verkündet sogar seinen Namen, um Ihnen eine zusätzliche Bestätigung für seine heilende Präsenz zu geben!

Eine Frau namens Barbara war in ihrem Auto unterwegs, den Tränen nahe und total aufgelöst wegen einer Situation, die sie kurz zuvor erlebt hatte. Innerlich bat Barbara Erzengel Raphael, ihr schnell zu Hilfe zu kommen, damit sie es heil nach Hause schaffte.

Genau in diesem Augenblick erregte etwas auf der rechten Seite der Straße ihre Aufmerksamkeit, und Barbara stockte einen Moment der Atem, als sie eine Hinweistafel sah, auf der stand: »St. Raphael's Junior School«. Vor lauter Aufregung sprang sie beinahe von ihrem Sitz, da sie wusste, dass

Raphael ihr mit diesem Zeichen zeigen wollte, dass er bei ihr war. Dann fiel ihr ein Gebäude daneben auf – es war die »St. Michael's Senior School«!

Auf dem restlichen Weg nach Hause fühlte Barbara sich ruhiger und friedvoller in dem Wissen, dass diese machtvollen Erzengel an ihrer Seite waren.

Barbaras Zeichen für die Gegenwart von Erzengel Raphael und Michael waren sehr deutlich und traten umgehend ein, damit sie wusste, dass ihre Gebete erhört wurden. Manchmal brauchen wir nichts weiter als die beruhigende Vergewisserung, dass der Himmel unsere Gebete hört und auf sie reagiert. Daher schickt Raphael sein Zeichen als Bestätigung, dass er an Ihrer Bitte um Hilfe arbeitet.

Auch wenn er ein Erzengel ist, kann Raphael dennoch wie ein Schutzengel ununterbrochen bei Menschen sein, die ihn darum bitten.

Vergessen Sie nicht, dass Raphael (wie alle Erzengel) ein unbegrenztes Wesen ist, dass gleichzeitig bei vielen Menschen sein kann. Und wenn Ihre Lebensaufgabe mit Heilung zu tun hat, seien Sie nicht überrascht zu erfahren, dass Erzengel Raphael allzeit bei Ihnen ist und Ihre Ausbildung sowie spätere Tätigkeit als Heiler/in führt.

Als Rosa Iacono auf einem Flug ein Buch über Engel las, bat sie um ein Zeichen, um zu wissen, welcher Engel bei ihr war. Erzengel Raphael wollte ihr zeigen, dass er es war: Obwohl Rosa den Namen Raphael seit ihrer Schulzeit nicht mehr gehört hatte, sah oder hörte sie ihn im Laufe der darauffolgenden Woche vier Mal.

Kaum war sie an ihrem Ziel angekommen, ging es los. Sie fuhr ins Hotel, und der Mann an der Rezeption hieß Raphael. Dann lernte Rosa am Strand ein kanadisches Ehepaar kennen, und der Mann hieß ebenso Raphael. Das dritte Mal hörte sie den Namen bei einer Poolparty, als der Ansager mehrmals ›Raphael‹ rief.

Doch das war noch nicht alles. Wieder zu Hause, lernte Rosa in ihrer Yoga-Klasse eine junge Frau kennen, die zum ersten Mal da war und ihr als ›Raffaela‹ vorgestellt wurde. Rosa sagt: »Die junge Frau kam nie wieder. Vielleicht war sie ja ein Engel?«

Da muss ich Rosa Recht geben. Ich glaube, dass Raphael uns zuweilen Menschen als himmlische Boten schickt, die seinen Namen tragen (genau wie Michael und andere göttliche Wesenheiten.)

Ich erinnere mich, wie ich mich angeleitet fühlte, nach Lourdes zu fahren, um die von der heiligen Bernadette entdeckte berühmte Mariengrotte zu besuchen, die schon so vielen Menschen wundersame Heilung gebracht hat. Während ich versuchte zu entscheiden, ob ich diese Reise machen sollte oder nicht, traf ich immer wieder Frauen, die den Namen Bernadette trugen. Ich nahm diese Tatsache als ein Zeichen der Bestätigung und reiste nach Lourdes, wo mir eine zutiefst lebensverändernde Erfahrung zuteil wurde.

Und nicht selten kommt es vor, dass Raphael in der Art und Weise, wie er seine Anwesenheit bestätigt, seinen köstlichen Sinn für Humor zeigt. Als eine Frau namens Janet um ein Zeichen von Raphael bat, merkte sie zunächst nicht, dass er ihr ein *buchstäbliches* Zeichen schickte. Janet erinnert sich:

>»Nachdem ich Doreens Buch *Engel Notruf* gelesen hatte, meditierte ich und bat um den Namen des Engels, der in dem Moment bei mir war. Sofort hörte ich den Namen ›Raphael‹. Dann bat ich den Erzengel, mir zur Bestätigung ein Zeichen zu schicken und wartete geduldig.
>
>Nun, mein Zeichen kam ein paar Tage später, als ich bei der Heimfahrt im Auto die Engel bat, mich heil nach Hause zu geleiten. Kaum hatte ich das Gebet zu Ende gesprochen, fühlte ich mich angeleitet, nach rechts zu schauen, wo ich an einem Gebäude ein großes Schild sah mit der Aufschrift: ›Pizza Raphael‹.
>
>Ich wusste sofort, dass dies ein buchstäbliches Zeichen von Erzengel Raphael war, und musste über seinen Sinn für Humor lachen. Dieses Erlebnis half mir zu wissen, dass Raphael und die Engel immer um uns herum sind und nur einen Gedanken entfernt, wenn wir Hilfe brauchen.«

Natürlich ist die überzeugendste Form, in der Raphael seine Anwesenheit bestätigen könnte, seine physische Erscheinung direkt vor unseren Augen. Im nächsten Kapitel werden wir Menschen begegnen, die das Glück hatten, Erzengel Raphael in Person zu begegnen, und wir werden erfahren, wie seine physische Erscheinung ihnen bei ihrer Heilung half.

Zehntes Kapitel

Raphael sehen
und persönlich begegnen

» Lieber Erzengel Raphael, ich möchte dich gerne mit meinen physischen Sinnen sehen und hören, um von dir geheilt und geführt zu werden und um deine heilende Energie zutiefst fühlen und mit offenem Herzen empfangen zu können. «

Im Laufe der Jahre sind mir viele Menschen begegnet, die Hilfe von Engeln in menschlicher Form erfahren haben. Diese vorübergehend inkarnierten Engel erscheinen manchmal als Menschen, die übermenschliche Leistungen vollbringen, indem sie zum Beispiel Autos aus dem Schnee heben, Ertrinkende retten und gerade lange genug erscheinen, um zu helfen, bevor sie wieder weg sind, ohne die geringste Spur zu hinterlassen.

Im Brief des heiligen Paulus an die Korinther mahnte er, wir sollten achtsam sein, wenn wir Fremde in unser Haus bitten, da diese Fremden in Wahrheit Engel sein können, ohne dass wir uns dessen bewusst sind.

Vielleicht sind auch Sie schon einmal einem solchen inkarnierten Engel begegnet.

Ihre hauptsächlichen Merkmale sind:

🌸 Eine ungewöhnliche Erscheinung: beispielsweise eine besonders intensive Farbe der Augen oder eine Art, sich zu kleiden, die nicht zu der Umgebung passt.

🌸 Der Betreffende kennt Ihren Namen, obwohl er/sie Ihnen noch nie begegnet ist (oder er erwähnt persönliche Informationen, um die eigentlich niemand außer Ihnen weiß.)

🌸 Erscheint und verschwindet plötzlich und ohne eine sichtbare Form des Transportes.

🌸 Hilft auf wundersame Weise oder sagt genau das Richtige, um Sie zu beruhigen.

🌸 Wenn Sie versuchen, hinterher mit dem/der Betreffenden Kontakt aufzunehmen, hat niemand je etwas von ihm gehört, noch gibt es irgendwelche anderen Beweise für seine Existenz.

Eine Frau namens Donna erinnert sich, Erzengel Raphael persönlich begegnet zu sein, als ihr Sohn im Krankenhaus lag und die Ärzte noch immer nicht die Ursache für seine starken Schmerzen finden konnten. So ging Donna ins Wartezimmer, um ihre Gedanken zu sammeln und für ein Wunder zu beten.

Als sie so tief in Gedanken versunken da saß, kam ein sehr gut aussehender Herr in einem grünen Hemd mit Krawatte auf sie zu und fragte sie, ob er mit ihr reden könne. Donna hatte den Mann nicht hereinkommen sehen, er war einfach plötzlich da.

Er sagte, er habe gesehen, wie Donna auf dem Flur ihren Sohn gestützt hatte. Er fuhr fort, dass Nick zu jung war, um so krank und im Krankenhaus zu sein. Er fragte, ob er ihr den Namen eines Arztes in Toronto geben dürfte, der Nick helfen könnte. Er sagte, dieser Arzt habe eine Maschine, die den ganzen Körper scannt, bis in seine Zellen hinein. In den USA gab es diese Maschine nicht.

Der Mann versicherte Donna, dass der Arzt in Toronto ihr sagen könnte, was ihrem Sohn fehlte. Also schrieb Donna den Namen und die Telefonnummer des Arztes auf und rief ihn noch am selben Abend an. Sie machten einen Termin für den darauffolgenden Freitagmorgen aus, vor Praxisbeginn.

Zu Donnas Überraschung sagte der Arzt, er habe bereits Nicks Namen in seinem Terminkalender. Als Donna ihn fragte, wie das möglich war, meinte der Arzt, ein Herr habe angerufen und alles arrangiert und dass er ihren Anruf erwartet hatte.

Bei der Untersuchung stellte der Arzt fest, dass Nick viel zu hohe toxische Arsen-Werte in seiner Leber und Lunge aufwies. Wäre der Junge auch nur zwei Tage länger in dem Krankenhaus geblieben, wäre er wahrscheinlich ins Koma gefallen oder sogar gestorben. Die Ärzte in Toronto entgifteten seinen Körper, verschrieben ihm diverse Therapien und entließen ihn noch am gleichen Tag. Nick fühlte sich viel besser und war in der Lage, alleine zu gehen!

Wer also war der Mann in dem grünen Hemd, der in dem Wartezimmer mit Donna gesprochen hatte? Donna sagt: »Ich glaube wirklich, dass es Erzengel Raphael war, der Engel der Heilung.« Ich glaube es ebenso. Und wie passend, dass Raphael etwas Grünes angezogen hatte!

Erscheinungen Raphaels

Raphael erschien Donna in Person, weil sie sofort etwas unternehmen musste, um das Leben ihres Sohnes zu retten.

Manchmal erscheint der heilende Erzengel Menschen, die Hilfe brauchen, in übersinnlichen Visionen anstatt in physischer Gestalt. Nichtsdestotrotz sind seine Erscheinung und Präsenz sehr real.

Im August 2000, als der Ehemann von Marilyn Hay wegen einer Operation am offenen Herzen im Krankenhaus lag, bat sie kontinuierlich Erzengel Raphael, ihn bitte zu heilen und während der Operation an seiner Seite zu sein.

Nach einem dieser Gebete saß Marilyn spät abends in ihrem Wohnzimmer und schaute fern. Sie wollte etwas trinken, also stellte sie die Lautstärke ab und ging in die Küche, um ein Glas Wasser zu holen.

Plötzlich hörte sie einen Chor von Männerstimmen singen, obwohl sie die Lautstärke abgestellt hatte und allein im

Haus war! Die Musik stoppte, und ein hoch gewachsener Engel in mehrfarbigem Gewand erschien an Marilyns rechter Seite. Er sprach die folgenden Worte: »Ich werde da sein.«

Marilyn erinnert sich an diesen Moment: »Ich war so von Ehrfurcht überwältigt und so überrascht, dass ich nur das Erste sagen konnte, was mir in den Sinn kam: ›Danke!‹ Dann verschwand er, und der Männerchor fing erneut an zu singen. Das Ganze dauerte weniger als eine Minute.«

Neun Jahre später lebt Marilyns Mann immer noch, und es geht ihm gut. Sie sagt: »Ich weiß mit Sicherheit, dass es Erzengel Raphael war, der mich damals besucht und meinen Mann beschützt hat, als Antwort auf meine Gebete.«

Marilyn hatte eine »Erscheinungs-Erfahrung«, womit eine sehr reale Engelsbegegnung gemeint ist, in deren Verlauf sie ihn sah und sprechen hörte. Wissenschaftler, die diese Art von Erscheinungs-Erfahrungen untersuchen, sagen, dass es die mehr als reale gefühlsmäßige Qualität ist, die wahre Visitationen von Halluzinationen unterscheidet.

Fällt Ihnen auf, wie absolut überzeugt Marilyn davon ist, dass sie Raphael sah und hörte? Das ist charakteristisch für alle, die ähnlich machtvolle Begegnungen mit Engeln hatten. Sie *wissen* einfach, dass es wirklich passiert ist, und es spielt nicht die geringste Rolle für sie, ob andere ihnen glauben oder nicht.

Als ehemalige Psychotherapeutin glaube ich, dass Marilyn tatsächlich eine Visitation von Raphael zuteil wurde, der ihrem Mann half, wieder ganz gesund zu werden.

Raphael mit den
inneren Augen sehen

Zuweilen ist die Visitation mehr wie eine übersinnliche Vision als eine tatsächliche Erscheinung, wie es Krisztina Muskovits erlebt hat. Obwohl ihre Visitation nicht von physischer Natur war, war es für sie dennoch eine tiefgreifende Erfahrung.

Krisztina lag mit einer Halsentzündung im Bett. Sie hatte solche Schmerzen, dass sie Erzengel Raphael bat, er möge sie heilen. Plötzlich sah sie vor ihrem inneren Auge ein intensives Licht um sie herum und fühlte die Gegenwart des Erzengels. Raphael war sehr hochgewachsen und stand neben ihrem Bett. Er trug einen grünen Umhang mit goldenen Verzierungen und hatte schulterlange, goldblonde Locken.

Krisztina fühlte seine Energie, eine heilende Kraft, die von ihm ausstrahlte und die Schmerzen in ihrem Hals beruhigte. Diese Energie war dicht und smaragdgrün. Das Ganze dauerte ein paar Minuten, und danach fühlte sie sich viel besser.

Krisztina sagt: »Raphaels Energie war sanfter, als ich es mir je hätte vorstellen können. Während dieses ganzen Vorganges war mein Zimmer von einem goldenen Licht erfüllt. Doch die Energie, die er mir gab, war grün.«

Krisztinas plötzliche Heilung spricht Bände über die Echtheit ihrer Begegnung mit Erzengel Raphael. In welcher Form auch immer er erscheint, sie ist perfekt für die jeweilige Person und Situation.

Manchmal erscheinen uns Erzengel Raphael und die anderen
Engel im Traum. Wenn wir schlafen, sind wir offener, himmlische Botschaften und heilende Energie zu empfangen, vor
allem, wenn Sie dazu tendieren, im Wachzustand ein hekti-
sches oder lautes Leben zu führen.

Wenn Ihnen im Traum ein Engel begegnet (oder irgendein
anderes himmlisches Wesen), werden diese Begegnungen
die intensiv reale Qualität einer echten physischen Erscheinungs-Erfahrung haben. Die Farben und Emotionen werden
intensiv und sehr lebendig sein, und Sie werden sich noch
lange nach dem Aufwachen an diesen Traum erinnern.

Eine Frau namens Susie erhielt während einer schwierigen
Phase in ihrem Leben eine Traum-Visitation von Erzengel
Raphael. Susies spirituelles Wachstum war zu einem Still-
stand gekommen, sie verlor nach und nach ihre Freunde, und
sie schien nur noch zu arbeiten und für nichts anderes mehr
Zeit zu haben. Jeden Abend vor dem Schlafengehen bat Susie
Gott um Führung, da sie sich sehr alleine und verloren fühlte.

Eines Abends war sie nach ihrem Gebet eingeschlafen und
hatte einen lebhaften Traum von einem Schlüssel, der eine
Tür aufschließt, die den Blick auf einen wunderschönen
Engel mit Flügeln, langer Robe und fließenden Haaren frei-
gab, der sich ihr als Erzengel Raphael vorstellte. In dem
Traum fiel Susie sofort auf die Knie und neigte ihren Kopf vor
Ehrfurcht bis auf den Boden. Auch Erzengel Raphael kniete
sich nieder.

Dann sagte er direkt zu Susie: »Du wirst nie wieder denken, dass du alleine bist. Solltest du dich je wieder so fühlen, schau einfach nur in dein Herz, denn Gott ist immer da, und wir als seine Botschafter sind mit ihm da. Mehr brauchst du nicht zu tun.«

Susie wachte aus diesem Traum auf, und alle ihre Ängste waren wie weggeblasen. Sie sagt: »Ich weiß ohne den geringsten Zweifel, dass Gott, Erzengel Raphael und alle Engel in meinem Herzen und immer bei mir sind.«

⌘⌘⌘

Erzengel Raphael hört und beantwortet jedes Gebet. Er ist in der Lage, zahllosen Menschen und Tieren gleichzeitig zu helfen, auf jeweils individuelle und geniale Weise. Ob er auf Ihre Gebete mit einer persönlichen Begegnung oder mit intuitiver Führung reagiert – in jedem Fall können Sie darauf vertrauen, dass der heilende Erzengel die Situation in einer perfekten, göttlichen Weise zu handhaben weiß.

Elftes Kapitel

Gebete
mit der Bitte um Heilung

Erzengel Raphael und alle anderen himmlischen Wesen reagieren auf jede Art von Gebet. Sie können Ihr Gebet mit lauter Stimme oder innerlich vortragen, mit gewählten oder impulsiven Worten, voller Ehrfurcht oder Frustration. Die Form und Worte des Gebetes spielen keine Rolle, doch müssen Sie um Hilfe bitten, da die Engel Ihren freien Willen nicht unterwandern und Ihnen daher ohne Ihre ausdrückliche Erlaubnis nicht helfen können.

Hier sind ein paar Gebetsvorschläge für bestimmte Körperbereiche, die vielleicht der Heilung bedürfen. Bitte fühlen Sie sich frei, diese Gebete Ihrer eigenen Situation und Ihren tief empfundenen Bedürfnissen anzupassen. Und je mehr Emotion Sie in das Gebet legen, desto schneller wird es beantwortet. Also legen Sie bitte Ihr ganzes Herz, Körper und Seele in diese Gebete.

Sie können diese Gebete auch so modifizieren, dass Sie Ihre persönlichen religiösen oder spirituellen Glaubenssätze reflektieren, sollten Sie das Gebet an Gott, den heiligen Geist,

Jesus, einen bestimmten Heiligen oder eine Gottheit richten wollen. Gebete sind wesentlich machtvoller, wenn Ihre Worte Ihre wahren Gefühle und Überzeugungen widerspiegeln.

Nachdem Sie Ihr Gebet gesprochen haben, lassen Sie bitte alle Ängste oder den Versuch los, zu kontrollieren, *auf welche Weise* Ihr Gebet beantwortet wird. Stattdessen vertrauen Sie auf Gottes ungeheure Weisheit und Liebe, eine geniale Lösung zu kreieren, die perfekt auf Sie und Ihre Situation zugeschnitten ist. Lassen Sie sich davon überraschen, wie der Himmel Ihr Gebet beantworten wird.

Achten Sie auf Zeichen und Führung, die nach Ihrem Gebet erscheinen, in welcher Form auch immer. Wie Sie auf den vorhergehenden Seiten gelesen haben, beantwortet Erzengel Raphael Gebete häufig, indem er Ihnen Vorschläge ins Ohr flüstert, die Sie als Gedanken, Gefühle, Träume oder Visionen wahrnehmen.

Wenn Sie den starken Drang verspüren, positive Aktionen vorzunehmen, können Sie davon ausgehen, dass es sich dabei um eine Antwort auf Ihr Gebet handelt. Folgen Sie Ihren Ahnungen und Intuitionen, und sie werden Sie zu neuem inneren Frieden führen.

Die nachfolgenden Gebete können zu jeder Tages- und Nachtzeit gesprochen werden – auch wenn es darum geht, Erzengel Raphael um seine Hilfe bei der Beibehaltung Ihrer Gesundheit zu bitten, bevor Ihnen überhaupt irgendetwas fehlt.

❧ APPETIT

> » Lieber Erzengel Raphael, danke, dass du jetzt meine
> auf Angst basierende Anhaftung an ungesunde Nah-
> rungsmittel und Getränke auflöst. Danke, dass du
> meinen Appetit dahingehend veränderst, dass ich nur
> noch gesunde Nahrung und Getränke zu mir nehmen
> möchte. Danke, dass du mir klare Führung bezüglich
> aller Aspekte meiner Ernährung gibst. «

❧ ARM

> » Lieber Erzengel Raphael, ich bitte dich, meinen
> Arm mit deinem smaragdgrünen heilenden Licht zu
> umgeben und alles aufzulösen, was nicht von Gott ist,
> und die wahre Kraft meines Armes und perfekte Ge-
> sundheit wiederherzustellen. «

❧ ATEMWEGE

> » Lieber Erzengel Raphael, ich bitte dich, mir das
> Atmen zu erleichtern, damit ich leicht ein- und aus-
> atmen kann. Danke, dass du die Gesundheit meiner
> Atemwege wiederherstellst und mich vor Umwelt-
> verschmutzung, Allergenen und anderen Irritationen
> schützt. «

❀ AUGEN

> » Lieber Erzengel Raphael, danke, dass du meine Augen in deiner smaragdgrünen Heilungsenergie badest und mir hilfst, meinen Blick klar zu fokussieren und die Schönheit und Details des Lebens zu sehen. «

❀ BAUCHSPEICHELDRÜSE

> » Lieber Erzengel Raphael, bitte bade meine Bauchspeicheldrüse in deiner heilenden Energie und hilf meinen Verdauungs- und Drüsensystemen, in göttlich perfekter Weise zu funktionieren. «

❀ BEINE

> » Lieber Erzengel Raphael, danke, dass du mir hilfst, stark auf meinen beiden Beinen zu stehen, mit Leichtigkeit zu gehen und mich mit Anmut zu bewegen. Danke, dass du meine Beine mit deiner smaragdgrünen heilenden Energie erfüllst. «

❀ BLASE

> » Lieber Erzengel Raphael, danke, dass du meiner Blase und meinem Blasentrakt deine smaragdgrüne Heilungsenergie sendest. Ich lasse jetzt leichten Her-

zens alle Gedanken und Gefühle von Wut los und
gebe mir die Erlaubnis, meine wahren Gefühle mir
selbst und anderen gegenüber einzugestehen. «

❁ BLINDDARM

» Lieber Erzengel Raphael, bitte erfülle meinen Blind-
darm mit heilender Energie und Licht und hilf mir, ein
gesundes Immunsystem und eine gesunde Verdauung
zu haben. Danke, dass du meine Gesundheit unterstützt, indem du meine Entscheidungen bezüglich
meiner Ernährung und Lebensweise klar führst. «

❁ BLUT

» Lieber Erzengel Raphael, bitte reinige mein Blut,
meine Venen und Arterien mit deinem smaragdgrünen Heilungslicht. Danke, dass du mein Blut gesund
machst und sein Gleichgewicht wiederherstellst. «

❁ Brüste

» Lieber Erzengel Raphael, danke, dass du meine
perfekt gesunden Brüste mit deinem smaragdgrünen
Licht erfüllst und sie in jeder Hinsicht beschützt, heilst
und gesund erhältst. «

❀ DARM

» Lieber Erzengel Raphael, bitte schicke deine heilende Energie in meinen Darm und Verdauungstrakt. Bitte sorge dafür, dass alles bestens funktioniert und ich in jeder Hinsicht perfekt gesund bin. «

❀ DEPRESSION

» Lieber Erzengel Raphael, danke, dass du meine Seele und Stimmung aufhellst und mir hilfst, die Segnungen und Geschenke zu sehen, die in dieser Situation und in meinem Leben vorhanden sind. Bitte hilf mir, Dankbarkeit und inneren Frieden zu empfinden sowie schmerzhafte Gedanken und Gefühle loszulassen. «

❀ EIERSTÖCKE

» Lieber Erzengel Raphael, ich bitte dich, meine Eierstöcke mit deinem smaragdgrünen Heilungslicht zu erfüllen und jegliche Blockierungen oder Schmerzen mit deinem Licht aufzulösen. Bitte hilf meinen Eierstöcken, in jeder Hinsicht gesund und perfekt zu funktionieren. Danke, dass du mich klar zu den Schritten führst, die ich zur Erhaltung meiner Gesundheit und meines Wohlbefindens unternehmen muss. «

✵ EMPFÄNGNIS

» Lieber Erzengel Raphael, ich vertraue deiner heilenden Kraft, von der ich weiß, dass sie von Gott kommt. Danke, dass du den Weg ebnest für eine gesunde Empfängnis. Danke, dass du mir den Weg zeigst, damit mein geliebtes Kind nach einer voll ausgetragenen Schwangerschaft gesund auf die Welt kommt. «

✵ ENERGIE

» Lieber Erzengel Raphael, ich bitte dich, die volle Macht meiner gottgegebenen Energie freizusetzen. Bitte revitalisiere und erfrische mich, damit ich jeden Moment meines Lebens voll genießen kann. «

✵ FINGER

» Lieber Erzengel Raphael, danke, dass du meinen/ meine Finger heilst und ihre Gesundheit und Funktionalität wiederherstellst. Ich lasse jetzt jeglichen Schmerz los und nehme deine heilende Energie voll in meinen Händen und Fingern auf. «

❈ FINGER- ODER FUSSNÄGEL

» Lieber Erzengel Raphael, bitte heile umgehend meine Nägel/meinen Nagel und die Haut unter dem Nagel/den Nägeln. Und bitte sorge dafür, dass sie stark und gesund nachwachsen. «

❈ FORTPFLANZUNGSSYSTEM

» Lieber Erzengel Raphael, bitte schicke meinen Fortpflanzungsorganen Unterstützung, Führung und heilende Energie und sorge dafür, dass mein Körper die von mir ersehnte Schwangerschaft willkommen heißt. Ich bitte dich und die anderen Engel, mich und meinen Partner zu führen, damit uns eine erfolgreiche Empfängnis zuteil wird und wir einem gesunden Kind das Leben schenken können. «

❈ FÜSSE

» Lieber Erzengel Raphael, bitte unterstütze die Gesundheit meiner Füße und hilf mir, den Weg meiner Seele und meines Herzens unbeirrt und aufrecht zu gehen. «

❊ GEBURT

> » Lieber Erzengel Raphael, bitte überwache meine Schwangerschaft und Geburt und sorge sowohl für die Sicherheit und Gesundheit meines Babys als auch für meine eigene. Danke, dass du meine sanfte, gesunde Geburt in jeder Hinsicht führst und überwachst. «

❊ GEISTIGE GESUNDHEIT

> » Lieber Erzengel Raphael, bitte hilf mir, die Schönheit und göttliche Ordnung in meinem Leben zu sehen. Bitte hilf mir, den Schmerz aus meiner Vergangenheit und die Sorge um meine Zukunft loszulassen und diesen gegenwärtigen Moment voll zu genießen. Bitte hilf mir, mich auf das zu fokussieren, wofür ich dankbar bin und alle schmerzhaften Gedanken Gott zu übergeben, sobald sie auftauchen. «

❊ GESUNDE SCHWANGERSCHAFT

> » Lieber Erzengel Raphael, ich bitte dich, über das Wachstum und die Gesundheit meines Babys zu wachen. Bitte unterstütze uns in jeder Hinsicht und lass mir Führung zukommen, die ich problemlos wahrnehmen und verstehen kann, damit ich weiß, was ich tun muss, um meine eigene Gesundheit und die meines Babys sicherzustellen. «

❧ GEWICHT

» Lieber Erzengel Raphael, ich gebe dir und Gott jetzt alle Gedanken und Gefühle der Schwere. Ich bin erleichtert; mein Herz und meine Seele sind unbeschwert und frei von Sorgen. Bitte durchtrenne alle Schnüre der Angst, die mich mit dem Wunsch nach ungesunden Nahrungsmitteln und Getränken verbinden, und hilf mir bitte, meinen Appetit und meine Ernährungsweise in gesunde Bahnen zu lenken. «

❧ HAARE

» Lieber Erzengel Raphael, bitte erfülle meine Kopfhaut und Haare mit deiner heilenden Energie, damit sie gesund, glänzend und stark wachsen. Danke, dass du jede Strähne meines Haares mit deinem Licht und deiner Liebe unterstützt. «

❧ HALS

» Lieber Erzengel Raphael, danke, dass du mir hilfst, flexibel zu bleiben und mir erlaubst, alle Seiten einer Situation zu sehen. Danke, dass du meinen Hals heilst und ihm seine volle Beweglichkeit wiedergibst. «

❀ HAND

> » Lieber Erzengel Raphael, bitte halte meine Hand und hilf mir, dein machtvolles Heilungslicht in mir aufzunehmen. Bitte ermögliche mir, jegliche Negativität loszulassen und sie durch Liebe, Licht und positive Gedanken zu ersetzen. «

❀ HANDGELENKE

> » Lieber Erzengel Raphael, danke, dass du mir hilfst, beweglich zu sein. Ich bin jetzt bereit, alles Ungesunde loszulassen, an das ich mich bisher geklammert habe. Danke, dass du meine Handgelenke heilst und ihnen wieder zu ihrer vollen Beweglichkeit verhilfst. «

❀ HARNSYSTEM

> » Lieber Erzengel Raphael, bitte bade mein Harnsystem in deinem heilenden und beruhigenden grünen Licht. Ich bin bereit, allen Zorn und alle Vergebungsunfähigkeit mir selbst, anderen und Situationen gegenüber loszulassen. Ich entspanne jetzt meinen Körper und lasse alles Ungesunde los, was sich in mir angestaut hat. «

❀ HAUT

> » Lieber Erzengel Raphael, danke, dass du mir hilfst, Gottes ruhmreiches Licht durch jede Pore meiner Haut scheinen zu lassen und Gottes natürliche Schönheit von Kopf bis Fuß auszustrahlen. «

❀ HEIRATSWUNSCH

> » Lieber Erzengel Raphael, danke, dass du mir einen wundervollen Liebespartner geschickt hast, der meine Interessen, Ziele und moralischen Werte teilt. Danke, dass du mir Vertrauen, Mut und Führung gibst und so eine glückliche und gesunde Beziehung daraus erwachsen kann. «

❀ HERZ

> » Lieber Erzengel Raphael, ich entspanne mich jetzt vollkommen und lasse alle emotionalen Würgegriffe um mein Herz los. Ich übergebe dir und Gott aus freiem Willen und rückhaltlos jeglichen emotionalen Schmerz. Bitte hülle mich in dein smaragdgrünes Licht ein, das ich in jede Zelle meines Herzens und Herz-Kreislaufsystems hineinatme. Ich danke dir, dass du mein gesundes Herz in jeder Hinsicht unterstützt. «

❈ HORMONSYSTEM

» Lieber Erzengel Raphael, danke, dass du alle meine Drüsen mit deinem smaragdgrünen heilenden Licht erfüllst und meine Hormone in ein harmonisches Gleichgewicht bringst, damit ich mich perfekt gesund und wohl fühle. «

❈ HÜFTE

» Lieber Erzengel Raphael, bitte hilf meiner Hüfte, gesund, beweglich und voll funktionsfähig zu sein. Ich bitte dich, meine Hüfte/Hüften mit deiner heilenden Energie zu reparieren und mir zu helfen, furchtlos den Weg der Freude und meiner Lebensaufgabe weiterzugehen. «

❈ KEHLE

» Lieber Erzengel Raphael, ich bin bereit, meine Wahrheit mir selbst und anderen gegenüber mit Liebe und Weisheit in Worte zu fassen. Danke, dass du meine Kehle von allen auf Angst basierenden Energien befreist und mir hilfst, mich klar und positiv auszudrücken. Danke, dass du meinen wunden Hals mit deiner grünen Heilungsenergie beruhigst. «

221

✲ KIEFER

> *» Lieber Erzengel Raphael, danke, dass du meinen Kiefer heilst, damit er gesund und perfekt funktioniert. Danke, dass du mir hilfst, mit Leichtigkeit und Freude zu kauen und zu schlucken. Ich lasse jetzt alle Spannung aus meinem Kiefer los in dem Wissen, dass du mich immer in jeder Hinsicht unterstützt und über mich wachst. «*

✲ KNOCHEN

> *» Lieber Erzengel Raphael, danke, dass du meine gesunden, starken Knochen und ihre Funktion mit deiner heilenden Präsenz und Energie unterstützt. Danke für die komplette Wiederherstellung und Heilung meiner Knochen, die es mir erlauben, gerade und aufrecht zu stehen. «*

✲ LEBER

> *» Lieber Erzengel Raphael, ich bin jetzt bereit, alle aufgestaute Wut oder Vergebungsunfähigkeit loszulassen und meine Leber total von jeglichen Auswirkungen meiner früheren Lebensweise zu reinigen. Danke, dass du meine Leber heilst und dafür sorgst, dass sie in perfekter Gesundheit ihre Aufgabe verrichten kann. «*

222

✿ LIPPEN

> » Lieber Erzengel Raphael, bitte heile meine Lippen und versetze sie erneut in den wahren Zustand göttlicher Gesundheit. «

✿ LUNGE

> » Lieber Erzengel Raphael, ich bitte dich, meine Lungen zu säubern und komplett zu heilen. Ich vergebe jetzt mir selbst und anderen für alles Schädliche, was ich vielleicht eingeatmet habe. Bitte führe mich zu allen Veränderungen, die ich für die perfekte Gesundheit und das Wohlbefinden meiner Lunge vornehmen muss. «

✿ MAGEN

> » Lieber Erzengel Raphael, ich übergebe dir und Gott jetzt alles, was mich ärgert und wütend macht, damit du es verwandelst und heilst. Ich erlaube mir, die Ereignisse in meinem Leben mit Dankbarkeit und Demut anzunehmen in dem Wissen, dass innerer Frieden wunderbare Heilungen fördert. Danke, dass du meinen Magen mit deiner heilenden Energie erfüllst und meine Verdauung in einen Zustand perfekter Harmonie und Gesundheit versetzt. «

❀ MANDELN

> » Lieber Erzengel Raphael, bitte bade meine Mandeln in deinem beruhigenden und heilenden smaragdgrünen Licht. Danke, dass du mein Wohlbefinden mit klarer Führung und heilender Energie unterstützt. «

❀ MUSKELN

> » Lieber Erzengel Raphael, danke, dass du meine Muskeln mit deiner smaragdgrünen Heilungsenergie massierst und ihnen hilfst, sich zu entspannen und zu heilen. Danke, dass du meine Muskeln wieder voll funktionsfähig machst und mir hilfst, meine Muskeln als Teil meiner gesunden Lebensweise mit Vergnügen zu dehnen und zu kräftigen. «

❀ NASE

> » Lieber Erzengel Raphael, danke, dass du meine Nase total und bis ins letzte Detail heilst. Danke, dass du meiner Nase Licht und Liebe schickst und sie in einen Zustand perfekter Gesundheit und Funktionsfähigkeit versetzt. «

❀ NERVEN

» Lieber Erzengel Raphael, bitte beruhige, besänftige und heile meine Nerven. Bitte hilf meinem Nervensystem, gesund zu funktionieren. Bitte hülle mich in dein heilendes grünen Licht, das nur von sanfter Energie durchdrungen werden kann. «

❀ NIEREN

» Lieber Erzengel Raphael, bitte sende dein smaragdgrünes Heilungslicht und deine liebevolle Energie in meine Nieren. Bitte sorge dafür, dass meine Nieren wieder vollkommen geheilt und funktionsfähig sind und hilf mir, ein gesundes Leben zu führen. «

❀ OHREN

» Lieber Erzengel Raphael, bitte hilf meinem Ohr/ meinen Ohren, gesund zu sein und Dank deiner göttlichen Präsenz und heilenden Energie perfekt zu funktionieren. Ich bin willens, alles Schmerzhafte loszulassen, das ich je gehört habe und bereit, die Wahrheit zu vernehmen. «

❄ PROSTATA

> » Lieber Erzengel Raphael, danke, dass du meine Prostata stärkst und heilst und mir zeigst, welche Schritte ich vornehmen muss, um ihre Gesundheit und Funktionalität zu gewährleisten. «

❄ REISEN

> » Lieber Erzengel Raphael, ich bitte dich, auf dieser Reise mein ständiger Begleiter zu sein. Danke, dass du für meine sichere Reise und Ankunft sorgst und dich auf wunderbare Weise um mein Gepäck, Transport, Essen und Unterkunft kümmerst. Danke, dass du mir hilfst, diese Reise besonders vergnüglich, erlebnisreich und angenehm zu gestalten. «

❄ RIPPEN

> » Lieber Erzengel Raphael, danke, dass du meinem Körper das Gleichgewicht wiedergibst und meine Rippen heilst. Ich bin in jeder Hinsicht gesund, lebe in einem Zustand spiritueller Wahrheit und danke dir, dass du mir hilfst, leicht und unbeschwert zu atmen. «

❦ RÜCKEN

» Lieber Erzengel Raphael, danke, dass du meinen ganzen Rücken mit deinem smaragdgrünen Heilungslicht erfüllst und mich voll unterstützt. Danke, dass du mir deine sanfte Kraft leihst, damit ich leicht und freudig aufrecht stehen kann. «

❦ SCHLAF

» Lieber Erzengel Raphael, bitte beruhige meinen Geist und hilf mir, mich zu entspannen, zu vertrauen und loszulassen. Danke, dass du mir heute Nacht zu einem wunderbaren, erholsamen Schlaf verhilfst. Ich fühle mich jetzt sicher und geliebt. «

❦ SCHULTER

» Lieber Erzengel Raphael, ich übergebe dir und Gott jetzt alle Lasten, die meine Schultern niederdrücken, damit du sie in etwas Positives verwandelst. Ich bin nicht länger bereit, Negativität oder Stress mit mir herumzutragen und bitte dich, meine Schultern zu heilen und mit deiner beschützenden und heilenden grünen Energie zu versiegeln. «

❦ SORGEN

> » *Lieber Erzengel Raphael, ich bitte dich, meinen Geist und meine Nerven mit deinem smaragdgrünen Licht zu beruhigen. Hilf mir, mich zu entspannen und zu vertrauen, dass meine Familie und ich in Sicherheit und beschützt sind.* «

> » *Lieber Erzengel Raphael, bitte komm jetzt zu mir, besänftige meinen Geist und tröste mein Herz. Ich bin bereit, dir und Gott alle meine Sorgen und Ängste zu übergeben und bitte dich, mir zu helfen, sie loszulassen. Hilf mir zu wissen, dass es in Ordnung ist, wenn ich mich sicher fühle. Danke, dass du meine Gedanken in friedliche Bahnen lenkst.* «

❦ SUCHTVERHALTEN

> » *Lieber Erzengel Raphael, ich bin jetzt total bereit, mein Verlangen nach (beschreiben Sie es) loszulassen, im Austausch für wahre Erfüllung, Frieden und Gesundheit. Bitte befreie mich von meinen schädlichen Anhaftungen an ungesunde Dinge und verwandele sie in den Wunsch nach lebensbejahenden und gesunden Nahrungsmitteln, Getränken und Verhaltensweisen. Bitte hilf mir, die große Liebe Gottes zu fühlen.* «

❀ TRAUER

> *Lieber Erzengel Raphael, bitte halte mich in deinen Armen und tröste mein trauerndes Herz. Hilf mir, weiterzugehen und mein Leben neu aufzubauen. Bitte gib mir Hoffnung und Frieden.* «

❀ ZÄHNE

> *Lieber Erzengel Raphael, danke, dass du meine Zähne in deiner heilenden, smaragdgrünen Energie badest. Danke, dass du mir hilfst, mich an der Gesundheit meiner Zähne zu erfreuen.* «

❀ ZAHNFLEISCH UND GAUMEN

> *Lieber Erzengel Raphael, ich vertraue Gott und dir als Gottes Boten, mich zu den perfekten Situationen zu führen, die mich in jeder Hinsicht unterstützen und entzücken. Danke, dass du meinen Gaumen und Zahnfleisch in deiner heilenden Energie badest, mich klar führst und mir den Mut gibst, diesem erleuchteten Weg zu folgen.* «

❊ ZEHEN

> » Lieber Erzengel Raphael, bitte hilf meinem Zeh/ meinen Zehen, geheilt, gesund, stark und voll funktionsfähig zu sein. Bitte hilf mir, aufrecht und voller Zuversicht den Weg meiner Lebensaufgabe weiterzugehen. Ich lasse jetzt alle Wut und Vergebungsunfähigkeit los, im Austausch für inneren Frieden und Gesundheit. «

❊ ZUNGE

> » Lieber Erzengel Raphael, ich rufe dich jetzt an. Danke, dass du mich von meinen auf vergangenen Erfahrungen, Gefühlen oder Gedanken basierenden Ängsten befreist und mir die Möglichkeit gibst, meiner Wahrheit Ausdruck zu verleihen. Danke, dass du mir hilfst, klar und deutlich das zu sagen, was mir auf dem Herzen liegt. Danke, dass du meine Zunge heilst und sie in ihren perfekten göttlichen Zustand zurückversetzt. «

Doreen Virtue

ist Psychologin und Familientherapeutin. Sie stammt aus einer hellseherisch begabten Familie und nutzte schon als Kind ihren »sechsten Sinn« zur Kommunikation mit ihren »unsichtbaren Freunden«. In der von ihr entwickelten Engeltherapie verbindet sie ihre Kompetenz als Psychologin mit ihren spirituellen Fähigkeiten. Doreen Virtue lebt in Kalifornien und gibt weltweit regelmäßig Workshops, in denen sie ihre Engeltherapie unterrichtet. Weitere Informationen erhalten Sie unter www.angeltherapy.com.

Von Doreen Virtue sind bei Allegria die folgenden Bücher, CDs, Kartendecks und DVDs erschienen:

Medizin der Engel
Erzengel und wie man sie ruft
Botschaft der Engel
Der Tempel der Engel
Engel-Notruf (Buch mit CD)
Feen-Notruf (Buch mit CD)
Chakra Clearing (Buch mit CD)
Engel-Hilfe für jeden Tag
Das Heilgeheimnis der Engel
Die Heilkraft der Engel

Die Zahlen der Engel
Die Heilkraft der Feen
Engel Gespräche
Neue Engel-Gespräche
Die neuen Engel der Erde
Dein Leben im Licht
Zeit-Therapie
Kristall-Therapie
Der Hunger nach Liebe

Medizin der Engel (CD)
Die Engel von Atlantis (CD)
Die Engel der Liebe (CD)
Heilkraft der Engel (CD)
Himmlische Helfer (CD)
Heilgeheimnis der Engel (CD)
Die Botschaft der Erzengel (CD)
Engel der Erde (CD)

Das Engel-Orakel für jeden Tag (Kartendeck)
Das Erzengel-Orakel (Kartendeck)
Das Heil-Orakel der Engel (Kartendeck)
Das Orakel der himmlischen Helfer (Kartendeck)
Das Einhorn-Orakel (Kartendeck)
Das Heil-Orakel der Feen (Kartendeck)
Das magische Orakel der Feen (Kartendeck)

Das Wunschbuch, das zum Herzen führt

SAFI NIDIAYE
Der entscheidende
Schritt
Das letzte Geheimnis
der Wunscherfüllung
Geb. € [D] 16,95
€ [A] 17,50
sFr 29,90
ISBN 978-3-7934-2178-8

Die Fähigkeit zur Wunscherfüllung tragen wir alle in uns. Nur funktioniert alles ganz andersherum, als man es bisher gehört und gelesen hat. Die Erklärung liegt in dem rätselhaften Spruch aus Safi Nidiayes Channeling Buch *Den Weg des Herzens gehen*: Was du wünschst, musst du sein. Sei – und es wird. Weit mehr als ein weiteres Wunsch-Erfüllungs-Buch, handelt es sich hier um die Entdeckung einer grundlegend neuen Perspektive. Dieser Weg zur Erfüllung ist einfach, es ist nur ein »Wahrnehmen bis auf den Grund« – mit Schritten der körperzentrierten Herzensarbeit.

Das Geheimnis unserer Gefühle

ESTHER & JERRY HICKS
Wie unsere Gefühle
die Realität erschaffen
Laminierter Pappband
320 Seiten
€ [D] 18,00
ISBN 978-3-7934-2146-7

Esther und Jerry Hicks zeigen, wie wir die erstaunliche Macht, die in unseren Gefühlen steckt, sinnvoll nutzen können, ohne uns von ihr überwältigen oder mitreißen zu lassen. »Abraham« ermutigt und lehrt, den Gefühlen zu vertrauen und sie als Indikatoren einer kosmischen Wahrheit zu verstehen. In 33 alltäglichen Beispielen wird demonstriert, wie wir die tatsächliche Bedeutung eines Gefühls erkennen, um aus seiner Energie Kraft für unser inneres Wachstum zu schöpfen. Das Gesetz der Anziehung hilft dabei, mit der Macht der Gefühle die Welt um uns neu zu erschaffen und unser eigentliches Selbst zu manifestieren.